PESSOAS DE RESULTADO

DESCUBRA COMO VOCÊ
PODE SE DESTACAR SEMPRE
E SER BEM-SUCEDIDO
EM TUDO O QUE FIZER

CARO LEITOR,
Queremos saber sua opinião sobre nossos livros.
Após a leitura, curta-nos no facebook/editoragentebr,
siga-nos no Twitter @EditoraGente e visite-nos no site
www.editoragente.com.br.
Cadastre-se e contribua com sugestões, críticas ou elogios.
Boa leitura!

Luiz Fernando Garcia
Autor best-seller da lista da *Veja*

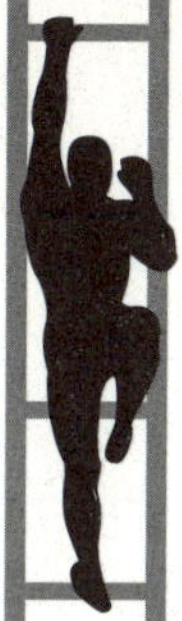

PESSOAS DE RESULTADO

DESCUBRA COMO VOCÊ
PODE SE DESTACAR SEMPRE
E SER BEM-SUCEDIDO
EM TUDO O QUE FIZER

Edição revista e ampliada

Diretora
Rosely Boschini

Gerente Editorial
Rosângela Barbosa

Assistentes Editoriais
Juliana Cury Rodrigues
Natália Mori Marques

Controle de Produção
Karina Groschitz

Preparação
Alyne Azuma

Projeto Gráfico e Diagramação
Juliana Ida

Revisão
Vero Verbo Serviços Editoriais

Capa
Adriano Cerullo

Adaptação de capa
Thiago Barros

Impressão
Gráfica Assahi

Copyright © 2003, 2017 by Luiz Fernando Garcia

Todos os direitos desta edição são reservados à Editora Gente.

Rua Wisard, 305, sala 53
São Paulo, SP – CEP 05434-080
Telefone: (11) 3670-2500
Site: www.editoragente.com.br
E-mail: gente@editoragente.com.br

Dados Internacionais de Catalogação na Publicação (CIP)
Angélica Ilacqua CRB-8/7057

Garcia, Luiz Fernando
  Pessoas de resultado : descubra como você pode se destacar sempre e ser bem-sucedido em tudo o que fizer / Luiz Fernando Garcia. – São Paulo : Editora Gente, 2017.

168 p.

Bibliografia
ISBN 978-85-452-0158-8

1. Administração de empresas 2. Empreendedorismo 3. Sucesso 4. Sucesso nos negócios I. Título

17-0451   CDD 650.1

Índice para catálogo sistemático:
1. Sucesso pessoal : Sucesso nos negócios 650.1

DEDICATÓRIA

Aos meus filhos Diego, Manuela e Lucca, que me fazem cada dia melhor.

AGRADECIMENTOS

Desde o início de minha carreira, sempre tive a felicidade de encontrar pessoas que me apoiaram, me orientaram e contribuíram para meu aprimoramento profissional. Meus sinceros agradecimentos a todos.

Agradeço aos meus mestres de Administração, Psicologia e Psicanálise, que me prepararam para alçar voo. Obrigado, Francisco Batista Neto, Luiz Carlos Osório e Sérvulo Augusto Figueira.

Aos meus pacientes e clientes, com quem aprendo constantemente, em especial aos meus Gedistas, participantes dos grupos dirigidos e das imersões, e aos grupos de orientação que coordeno.

À minha equipe da Cogni MGR, que me dá o suporte necessário para que eu possa empreender e atuar na minha função com excelência e maestria.

Aos meus amigos Alessandro e Celso dos Santos, com quem sempre posso contar.

A todas as pessoas que confiam no meu trabalho e no meu profissionalismo, em especial a Ayman e Adriano Amaral.

A Fernando, Rafael e a toda a equipe da Agência Neuari, pelo apoio e pela dedicação.

Aos meus companheiros de estrada, Felipe "Pirueta", Fernando "Mineiro", Luís Estelucci "Batatinha" e João "Mestre Yoda".

À Editora Gente, com quem trilho o caminho editorial há mais de uma década.

SUMÁRIO

APRESENTAÇÃO	11
INTRODUÇÃO	17
CAPÍTULO I – Um caso para analisar	19
CAPÍTULO II – O que faz uma pessoa fracassar?	23
CAPÍTULO III – Personalidade empreendedora ou conduta empreendedora	29
• Controle externo × controle interno	31
INVENTÁRIO DE ORIENTAÇÃO EMPREENDEDORA	35
• Personalidade empreendedora	42
• Desafios de gerações	43
• Características das gerações	46
CAPÍTULO IV – Orientação para resultado	55
• Veja a seguir cada um dos sete pontos-chave	58
1. CAPACIDADE DE VISUALIZAÇÃO	58
2. CAPACIDADE DE SUPERAR DESAFIOS	61
3. MANUTENÇÃO DO FOCO	63
4. CRIAÇÃO DE MAPAS DE PERCURSO	65
5. EXPECTÂNCIA E DRIVE	66
6. TOLERÂNCIA À INCERTEZA E À AMBIVALÊNCIA	68
7. AUTORREFORÇO PARA A AUTOESTIMA	69
• Os desafios do autoconhecimento × os sete pontos-chave	71

QUESTIONÁRIO DE AUTOAVALIAÇÃO PARA
MAPEAMENTO DE TRAÇOS EMPREENDEDORES 118

CAPÍTULO V – Os desafios do desenvolvimento
e os sete pontos-chave 125

CAPÍTULO VI – Bases motivacionais 139

QUESTIONÁRIO BASES MOTIVACIONAIS 140

- Agora é com você! 158
- O que, afinal, aprendemos? 160

BIBLIOGRAFIA 165

APRESENTAÇÃO

Este não é mais um livro de autoajuda. Meu objetivo é, junto com você, construir um novo conhecimento, que se apoia no resultado de muitos anos de experiência, orientando o comportamento das pessoas.

Psicanalista em formação, sou graduado em Administração de Empresas, com especialização em Mercadologia, e Psicologia.

Primogênito de uma família de três filhos, perdi meu pai aos 12 anos, razão pela qual comecei a trabalhar muito cedo – aos 13 anos já estava em meu primeiro emprego. Ainda como empregado, trabalhei em diversas empresas de variados portes, entre elas, duas multinacionais, nas quais me destaquei nas funções exercidas.

Em 1989, fui o "homem de vendas" do Grupo Akzo, divisão de tintas Wanda, de uma equipe de 42 vendedores. Fui também responsável pela catalogação de todos os estudos realizados, até a época, no departamento de pesquisas da Nestlé do Brasil, onde acompanhei estudos significativos na área de pesquisa de mercado.

Empreendedor, fui um dos principais franqueados da Pakalolo, importante grupo da área de confecção na década de 1990.

No âmbito internacional, além de uma qualificação específica na área de relações humanas na Itália, fui credenciado pela Organização das Nações Unidas (ONU) para o desenvolvimento educacional de empreendedores, donos de negócios e dirigentes de empresas no Brasil. Acumulo mais de 50 mil horas de aplicação comportamental no desenvolvimento da *psique*[1] humana relacionada a negócios no ambiente de capacitação.

Já realizei mais de 2 mil entrevistas de cunho comportamental em três modalidades específicas, das quais se extrai um perfil cientificamente estudado, que permite identificar as predisposições existentes em cada indivíduo na orientação para resultados. Desenvolvi também mais de cinquenta metodologias comportamentais francas, isto é, que têm atuação direta nos mobilizadores internos que levam o indivíduo a conseguir melhores resultados em sua vida, seja no ambiente de negócios, seja na esfera pessoal. Entre elas, a metodologia "saber empreender", para o Serviço de Apoio às Micro e Pequenas Empresas (Sebrae), que objetivou levar o conceito de orientação para resultados a comunidades de baixo Índice de Desenvolvimento Humano (IDH), contribuindo para o incremento econômico dessas pequenas comunidades.

---

1. A alma, o espírito, a mente (*Novo Aurélio*).

Em 1997, fui convidado a desenvolver a primeira matriz curricular do empreendedorismo no Brasil, registrada no então Ministério da Educação e Cultura. Dois anos depois, fui o principal responsável pela elaboração de conteúdo sobre o desenvolvimento da educação empreendedora no ensino formal do único trabalho registrado no país e homologado por esse ministério, em conjunto com o Sebrae. Ali mapeamos os estudos de maior consistência já realizados no mundo todo desde 1716 sobre empreendedorismo e qualificamos cerca de 15 mil professores do ensino médio técnico por meio de modalidades da educação a distância, em duas etapas distintas.

Com esse histórico, tive a oportunidade de treinar e capacitar todos os agentes envolvidos no desenvolvimento da metodologia Empretec no Brasil, na América Latina e na África portuguesa, nos anos 1999 e 2002. O Empretec é de uso exclusivo do Sebrae no país, por convênio firmado com a ONU. Essa cooperação foi considerada pela ONU o mais bem-sucedido esforço comportamental na área de capacitação empresarial para o desenvolvimento econômico até hoje realizado em toda a sua história, levando-se em conta mais de 33 países que o implementaram.

Trabalhei em um projeto pioneiro no Brasil com a Federação das Indústrias do Estado de São Paulo (Fiesp) para desenvolver arranjos produtivos locais (APLs), protagonizado pelo presidente da Fiesp, Paulo Skaf, visando diagnosticar, analisar, interferir e direcionar soluções aliadas a padrões comportamentais e empresariais. Os métodos produzem orientação para resultados em projetos educacionais, indivíduos, grupos e comunidades relacionadas a negócios e prosperidade pessoal. Esse estudo se apoia nos conhecimentos da Psicologia, em estudos científicos na área de negócios e em processos de excelência administrativa.

Meu compromisso, leitor, não se resume às palavras com as quais me dirijo a você. Tudo o que expresso em cada uma das linhas deste livro é resultado de um trabalho intenso, que envolve pessoas além de mim e pode ser comprovado pela ciência nos seguintes termos: *"Todo ser humano possui em sua natureza a motivação para realizar. Nós, indistintamente, temos a capacidade inerente de utilizar tal potencial e direcioná-lo, segundo nosso desejo, à realização de tudo com o que sonhamos"*.[2]

Você perceberá que às vezes me inclino muito a falar sobre negócios, dado o *background* já mencionado, porém meu objetivo é levar a todas as pessoas conceitos observados em profissionais de destaque e sucesso em todas as áreas da vida, seja qual for sua atuação em negócios ou sua prosperidade pessoal.

Reconhecido nacionalmente na área em que atuo, o que apresento neste trabalho, de forma simples e prática, propõe-se a produzir e orientar resultados na vida das

---

2. Disponível em: <https://groups.google.com/forum/#!topic/apaebcprevencao/BOl6XCU794I>. Acesso em: 15 mar. 2017.

pessoas, para promover maior grau de "libertação" e conquista de objetivos.

Tenho certeza de que você aproveitará cada página deste livro.

Luiz Fernando Garcia

INTRODUÇÃO

Para focar o resultado é preciso rever uma série de comportamentos, mudar padrões, abrir-se para o novo e para o diferente. Sair da zona de conforto e ir em busca daquilo que você realmente quer. Com estratégias práticas, apoiando-se na ciência da psicologia de gestão de pessoas, da neurociência e do empreendedorismo, integradas com as teorias do comportamento humano, *Pessoas de resultado* vai ajudá-lo a se autoavaliar, medir seu resultado, fazer correções de rota e manter o foco na efetivação de suas realizações.

A partir da experiência adquirida neste livro, por meio do autoconhecimento, você vai desenvolver e trazer para o consciente comportamentos que vão conduzi-lo a melhores resultados.

Com base em todos os recursos oferecidos neste livro, propomos um caminho pioneiro para modificar atitudes, buscar o autoconhecimento, compreender o que acontece em sua mente e em seu comportamento diário, para que você se torne, de fato, uma pessoa de resultado.

Todas as práticas aqui abordadas são baseadas em extensa pesquisa, em workshops, treinamentos, palestras, grupoterapias e psicoterapia orientadas para resultado, comprovadamente exitosos.

Este livro é o resultado de duas décadas do trabalho e da orientação de mais de 5 mil empresários e alta liderança de organizações. A partir de todos os recursos aqui oferecidos, proponho um caminho pioneiro para modificar atitudes, buscar o autoconhecimento, compreender o que ocorre em sua mente e em seu comportamento diário, para que você se torne uma pessoa de resultado.

CAPÍTULO I

Um caso para analisar

Por que tudo tinha perdido o brilho? Como foi que as coisas acabaram daquele jeito? Por que tudo desmoronou?

Esses eram os pensamentos de Marcelo naquela manhã de domingo. No dia seguinte, ele deveria enfrentar novamente o desespero, a angústia de responder por 72 títulos protestados, saldo bancário negativo e dívidas astronômicas dos cartões de crédito. A família não estava muito melhor: seus dois filhos, brincando pela casa, tinham desistido de chamá-lo para jogar. Marcelo percebia tudo isso: uma esposa distante, a energia que enfraquecia, a vida que sempre parecia um fardo, a completa ausência de motivação. Nada do que pensava era suficientemente bom para tirá-lo daquele estado de prostração. Todas as alternativas lhe pareciam entediantes e sem graça.

Como num *flash,* ele fez uma revisão mental de sua vida, vendo-se afinal com absoluta clareza e nitidez. "Sempre muito dinâmico", reconhecia para si próprio.

Nessa retrospectiva, Marcelo percebeu que, ao terminar os estudos, antes de se casar, a arrogância o impedira de ouvir os conselhos de um amigo mais vivido e experiente. Ele lhe sugerira iniciar uma atividade com passos curtos, com foco, mantendo a todo custo os objetivos; mas, não: Marcelo, preso às fantasias de ser um homem bem-sucedido, idealizou a construção de uma vida profissional dinâmica e de sucesso rápido, em que apenas interessava a diversidade das atividades, não a conquista e o enraizamento de algo mais substancial.

O primeiro emprego já foi bastante desmotivador. Estava sempre insatisfeito. Ali ele não tornara desafiantes suas atribuições e esperava sempre algo a mais, que deveria aparecer magicamente de algum lugar. Não ficou por muito tempo! Tinha certeza de que ali não era lugar para ele.

No entanto, não era só a vida profissional que o angustiava, que não parecia completa. Mesmo depois de ter se casado e de ter nascido seu primeiro filho, sentia que a felicidade familiar era insuficiente. Faltava-lhe algo, ele não sabia dizer o quê.

A verdade era que se sentia incapaz de visualizar o futuro. Perdia-se na dinâmica dos negócios, que lhe pareciam, no primeiro momento, sempre entusiasmantes, mas logo depois perdiam força. Foram experiências seguidas de experiências. Nada o completava. Nada lhe dava a sensação de completude.

Depois de muito tempo, percebeu que até então não pudera admitir a própria falta de visão e foco, o que comprometia suas ações e sua capacidade de se manter com energia, dirigindo a vida para um propósito escolhido. Em vez disso, o que prevalecia nele era o frenesi do assédio das propostas que tivera ou o brilho passageiro da abertura de um novo negócio. Em suma, Marcelo se via sempre dizendo mais "sim" do que "não" às novas possibilidades de futuro.

Lembrou-se da abertura de uma filial em que contratou arquitetos, um especialista em marketing e um supergerente. O fato era que não sabia o que deveria buscar. Não havia um planejamento. Tudo nascia de ideias, e a realização acontecia sem nenhuma programação, sem nenhum percurso predefinido.

Marcelo percebeu quanto se acomodava e protelava ações que, se tivessem sido executadas sob sua responsabilidade, no momento certo, seriam bem-sucedidas. Suas angústias eram constantes nos últimos anos. Sempre muito ansioso, notava que seu desespero se expressava por rituais e preocupações descabidas, antecipadas. Sentia-se perseguido, como se tudo o que fizesse fosse dar errado.

Isso acontecia por sua incapacidade de manter-se no caminho da conquista, por sua falta de planos e por sua inclinação por atividades, não por resultados. Vivia deixando projetos pelo caminho.

Tolerava muito pouco a ansiedade de que tudo pudesse dar errado, o que o levou a iniciar sempre várias coisas ao mesmo tempo, com medo de que alguma falhasse. Buscava, ilusoriamente, a segurança no "aqui e agora". Achava que o medo era negativo. Quando esse sentimento o dominava, Marcelo logo buscava uma nova atividade. Foi quando se deu conta de que acertara mais nos momentos em que sustentara seus erros e com o aprendizado que lhe proporcionaram.

Nesse *flashback*, Marcelo percebeu que tudo fazia sentido. Ele não fizera escolhas, apenas tentativas no decorrer da vida. Não tinha sido capaz de escolher um percurso, visualizar seus objetivos. A manutenção dessas ações fora precária pela ausência de ao menos um propósito. Os desafios que ele mesmo se apresentara não tinham direção, eram apenas uma maneira de se ocupar. Não havia objetivos preestabelecidos que o levassem a um propósito maior. E agora? O que poderia fazer? Haveria saída?

CAPÍTULO II

O que faz uma pessoa fracassar?

"Tudo terminará bem, de acordo com o que previmos." Essa é uma máxima comum entre pessoas de negócios. Muitas creem ser a extensão de algo maior e carregam dentro de si um traço que chamo de *arrogância da certeza*. Quando algo não acontece conforme a previsão delas, assumem uma postura de invulnerabilidade, de inflexibilidade, como se tivessem certeza de que tudo terminará de acordo com sua idealização. Isso as impede de procurar alternativas para corrigir a rota e permitir que o objetivo seja alcançado.

Vou contar uma história para ilustrar o que estou dizendo.

Uma indústria de tintas, anos atrás, destacava-se por ter uma linha única de produtos, o látex acrílico. Algum colaborador bem-intencionado procurou o diretor-presidente da empresa e sugeriu que seria produtivo mudar a estratégia de marketing, porque alguns concorrentes já estavam dominando o mercado. Ele respondeu, com seu sotaque estrangeiro: "Nós somos ... (e disse o nome da empresa)", como se isso fosse determinante para garantir o sucesso futuro de tudo o que fizessem. Ele não conseguia, como muitos executivos, ver a possibilidade de a concorrência se posicionar melhor que sua empresa. E, mais uma vez, a arrogância da certeza fez suas vítimas. Tanta altivez levou a empresa então líder de mercado para o quarto lugar no setor de látex acrílico. Então, pergunto: Quantos profissionais qualificados, em sua inflexibilidade, não conseguem admitir que sempre é hora de mudar!

A verdade é que as pessoas interagem por meio de duas realidades: a interna e a objetiva. A *realidade interna* é composta de idealizações, expectativas, vontades, desejos, atitudes, crenças, valores, educação, traumas do passado, preconceitos, fixações, ou seja, tudo o que é intrínseco ao indivíduo. Do lado de fora, porém, está a *realidade objetiva,* e nela mora o que é possível ser feito (somos o que somos, e não aquilo que gostaríamos de ser).

Essa realidade objetiva é construída de acordo com as exigências do mundo, e não para atender ao que desejamos. Eu pergunto: qual das duas realidades predomina na hora de tomar uma decisão? Na maioria das vezes, é a realidade interna. Assim, a distinção que alguém consegue estabelecer entre a realidade interna e a realidade objetiva é o que pode determinar o sucesso ou o fracasso de um projeto. Muitos querem colher os frutos antes de semear. Contudo, sabemos que as coisas não funcionam assim. São necessários nove meses de espera e de doação para que um bebê nasça. E mais um ano de entrega para que esse bebê consiga caminhar, passando pelo processo de engatinhar e por alguns desequilíbrios necessários para melhorar sua marcha. Mais à frente será preciso aprender a falar e a se expressar. E assim se dá o desenvolvimento humano.

Quem não tem um amigo ou conhecido que, por volta dos 40 anos, deixou a cidade grande em busca de mais qualidade de vida numa cidade menor? A decisão dele, como na grande maioria dos casos, baseou-se apenas em idealizações da realidade interna. Infelizmente, o sonho de uma vida mais agradável e tranquila, sem um exame objetivo para garantir os meios materiais de subsistência, não se mantém por muito tempo, terminando com o abandono do projeto e a volta à situação anterior, agora mais precária. Isso também se repete em outras mudanças de vida quando se busca o conforto sem pensar na compatibilidade com a realidade, com o que é possível fazer.

Cultivar uma realidade interna menos idealizadora é característica de muitos empresários bem-sucedidos que não têm nem mesmo o nível médio de escolaridade.

Essa baixa idealização faz com que as pessoas se permitam iniciar experiências de negócios com mais flexibilidade e de forma mais simples. Conheço o caso de um homem que começou sua carreira bem-sucedida de empreendedor vendendo churrasquinho para os amigos, após o futebol de sábado, na garagem de casa. Aos poucos, acrescentou ao cardápio uma salada de batatas, arroz temperado e, a pedido dos amigos, passou a atender também aos domingos. A garagem ficou pequena, ele deixou o emprego e se mudou para a casa ao lado, um pouco maior. Hoje é um empreendedor de sucesso do segmento de restaurantes. Aqui podemos notar que a falta de idealização possibilitou a presença constante da realidade objetiva.

Outro aspecto de grande importância é a existência em nosso psiquismo de alguns aspectos mal resolvidos do passado, que resultam da história familiar, das experiências da infância, de valores herdados, que se manifestam por núcleos de frustração que não conseguimos suportar em nós mesmos. Para conviver com esses aspectos dolorosos, usamos o recurso de eleger um objeto do mundo exterior no qual eles são projetados. Esse objeto é como a tela em que um filme é exibido, embora o conteúdo do que é mostrado esteja dentro do equipamento, que somos nós.

Esse fenômeno, que tem o nome de processo projetivo, explica por que enxergamos aspectos positivos e negativos em outras pessoas ou localizamos receios ou segurança com relação a elas, pois esses medos ou certezas habitam nosso íntimo.

Outra área da vida em que o processo projetivo causa danos consideráveis é o das relações entre pais e filhos. Os pais projetam coisas nos filhos em razão de aspectos mal resolvidos neles próprios. Há pais que impõem aos jovens um nível de repressão que os impede de seguir a própria natureza. Impor um diploma superior de determinada carreira, obrigar ao aprendizado desse ou daquele idioma, daquela habilidade artística ou manual, quando se excedem os limites da orientação, pode ser muito prejudicial.

Vê-se, então, que uma das saídas das pessoas que se sentem oprimidas pela dinâmica de sua vida é exigir dos filhos um desempenho precoce e idealizado, o que reprime o aparecimento das vocações naturais desses filhos. O medo do pai, porém, que é a razão pela qual está impondo um caminho idealizado ao filho, já não se justifica diante da realidade, pois não é atual. Assim, ele se relaciona projetivamente com a criança, oprimindo nela a capacidade de gerar mais opções e estímulos criativos para sua vida.

A maior parte dos empresários, por exemplo, quando pensa vinte anos adiante, vê os filhos à frente dos seus negócios. Muitos médicos, advogados, administradores, entre tantas outras profissões, querem que o filho siga o mesmo caminho. Esquecem-se, porém, de perguntar a eles o que de fato gostariam de fazer. O que ocorre é pura projeção. Da mesma forma, executivos que exigem de seus subordinados determinado nível de desempenho expressam receios que na realidade são só deles.

Assim, temos como missão permanente buscar resolver problemas antigos, traumas, medos e limitações que continuam a assombrar nossa psique. É um dado da realidade que não devemos ignorar nem procurar negar, pois, paradoxalmente, quando aceitamos a fraqueza a que estamos expostos, tornamo-nos mais fortes.

Embasados no tema projeção, podemos notar que, se não aceitarmos e não entendermos os motivos de nossa frustração, buscaremos subterfúgios, porque não a consideraremos parte inerente do caminho da realização. Ora, todo caminho tem também pedras, momentos de reavaliação. Quem vai até o fim é quem se destaca dos demais.

CAPÍTULO III

Personalidade empreendedora ou conduta empreendedora

Muita gente acredita que um bom empreendedor é um visionário que tem boas ideias. Outros acreditam que se trata de um excelente planejador. Outros creem ser uma questão de sorte ou de condições favoráveis, como ter dinheiro à disposição e ser bem relacionado. Uns acham que o bom empreendedor já nasce assim. Não é bem isso.

A personalidade empreendedora varia de 3,5% a 5% da população mundial. Ela tem um gene que provoca inquietude, vontade de realização, de inovação, interesse pelo novo. Provavelmente, no ambiente uterino, recebeu muita carga de ansiedade da mãe. Esses hormônios estabeleceram uma forma um pouco mais acelerada de funcionar do que a normal.

Para começar a entender a personalidade empreendedora, vamos falar sobre a hipomania. É um tipo de humor, com variação diária, que intercala momentos mais motivados e outros mais deprimidos – quando você está meio desanimado, meio bola murcha.

Existem pessoas mais mobilizadas, mais energéticas, que têm uma motivação diferente.

Na hipomania, há traços que são patológicos, cujas características de comportamento são recorrentes. São traços que os maníacos têm, porém em menor intensidade e com menos frequência.

Os hipomaníacos têm também o traço de agressividade bastante oscilante. Pode ser externa ou interna. Há a agressividade voltada contra si mesmo. Ou seja, exigem demais de si mesmos, começam a ficar sem comer, trabalham até tarde para cumprir algo para mostrar que conseguem. E há também a externa: elegem alguém como culpado, falam o que não devem, cometem agressão verbal, comprometendo a harmonia do ambiente. Em situação de estresse, aumentam a violência.

Para um empreendedor por personalidade, o veneno que salva é o mesmo veneno que mata. Essas pessoas são boas para colocar um projeto de pé, mas têm dificuldade de fazer a gestão depois que ele deixa de ser novidade. A dificuldade é a rotina, porque esse tipo de pessoa sempre busca algo novo, devido ao anseio por coisas novas.

Na conduta empreendedora de pessoas normativas, a qualidade de protagonizar, realizar e empreender varia de 2 a 4 (numa escala até 10) numa população normal. Para um empreendedor por personalidade, varia de 7 a 10. Contudo, o inverso é verdadeiro. Na norma, a qualidade de manter as coisas funcionando, ou a manutenção de operação, pode atingir notas de 7 a 10. Mas para a personalidade empreendedora é o inverso: de 2 a 4.

A conduta empreendedora é mais orientada a manter do que a empreender só por empreender. Trata-se de pessoas mais comedidas em suas ações. São ponderadas, orientam-se por planejamento, são parcimoniosas, pensam de forma mais simples, como: "Primeiro vamos fazer o primeiro andar do prédio, depois a gente vê se dá para subir o segundo". Quando não têm uma ansiedade latente, são mais comedidas. Lidam com tolerância às frustrações, o que as ajuda a lidar com situações de frustrações e conflito. Não entram em situações de embate e agressividade. São orientadas por números, respeitam limites, analisam riscos na justa medida.

É bem diferente da pessoa que tem personalidade empreendedora e que corre risco, é afoita para resolver, como se no dia seguinte não desse mais tempo de fazer nada. A ansiedade faz com que as pessoas de personalidade empreendedora ajam com muita pressa na maioria das situações, sem analisar o futuro e as consequências dos seus atos.

Controle externo × controle interno

Julian Rotter, psicólogo norte-americano, começou a estudar a diferenciação entre personalidade e conduta empreendedora por meio da área comportamental. Descobriu que as diferenças entre as pessoas são modeladas na segunda infância e em toda adolescência, quando o indivíduo vai aprender a depositar, em determinadas situações-problemas, uma crença. Isso é aprendido no lar e tem como característica aumentar ou diminuir a qualidade de empreender. Rotter, então, inaugura uma nova teoria: lócus de controle. Ele inseriu esse conceito em sua teoria de aprendizagem social. Seu argumento é de que um evento considerado, por algumas pessoas, prêmio ou reforço – estímulo positivo que se recebe frente a uma conduta que faz com que esta se repita no futuro – pode ser percebido por outros de forma diferente e provocar reações diferentes nas pessoas. Um dos determinantes dessa reação é o grau no qual os indivíduos percebem que a recompensa está associada a suas próprias condutas ou seus atributos (lócus de controle interno) *versus* o grau em que sentem que a recompensa é controlada por forças externas a eles e podem ocorrer independentemente de suas ações (lócus de controle externo).

De acordo com Rotter, uma pessoa com lócus de controle predominantemente interno se sente mais no controle da própria vida e do seu sucesso, exigindo mais de si mesma e se concentrando no que pode fazer por conta própria para lidar com os problemas atuais.

Uma pessoa com lócus de controle predominantemente externo sente que fatores externos têm um controle maior sobre sua vida, exige mais dos outros, tem maior dependência emocional e funcional e é mais afetada por críticas e elogios.

Consideramos como premissa que o lócus de controle, ao contrário de sua definição como traço de personalidade, é mais bem compreendido como estado disposicional (atitudinal) do indivíduo, que se modifica de acordo com a situação.

A teoria atribucional afirma que as pessoas tendem, em geral, a buscar explicações sobre as condutas, seus resultados e suas consequências, para compreender, justificar e controlar o mundo.

Muitos psicólogos teóricos da área da motivação têm estabelecido que o ser humano tem a necessidade inerente de conhecer a si mesmo e a seu meio ambiente. Todos buscamos explicações para os fenômenos que ocorrem no ambiente, aos nossos comportamentos e aos dos demais.

No estudo de Rotter, o controle interno refere-se à disposição do indivíduo em atribuir a si mesmo algum controle sobre os próprios reforços, por exemplo, aquele aluno que considera que foi bem em seu exame porque estudou muito e aprendeu bem a matéria.

O controle externo contempla as pessoas que creem que seus reforços não estão sujeitos a um controle pessoal, sendo mais bem controlados pela sorte, pelo destino ou por pessoas consideradas poderosas. Dependendo da história anterior de reforços, uma pessoa apresentará uma atitude consistente, tendendo a um lócus de controle interno ou externo.

Uma pessoa com lócus de controle interno entende que possui controle sobre sua vida e que os resultados de seu trabalho e esforço lhe são gratificantes.

Ao contrário, pessoas com lócus de controle externo consideram que sua vida está determinada pelo azar, destino ou pelo poder de outros, e que os resultados se distribuem mais ou menos aleatoriamente, com a conclusão de que não há maiores relações entre as próprias ações e suas consequências.

O controle refere-se ao grau de domínio que uma pessoa percebe ter sobre os fatores que determinam o êxito ou o fracasso. As pessoas que percebem que os reforços ou bons resultados são conseguidos como produtos de fatores controláveis por eles mesmos (o esforço ou a habilidade técnica) tendem a repetir condutas que levam a obter esse bom resultado. O controle sobre os fatores causais demonstra estar relacionado com os sentimentos e a avaliação que se faz de outros. Se uma pessoa fracassa devido a uma razão controlável por ela, os outros tenderão a recriminá-la. Por exemplo, quando uma equipe de futebol perde, e sentimos que poderiam ter se esforçado mais e ganhado, tendemos a recriminá-la. Por outro lado, se sentimos que a equipe perdeu porque o árbitro estava a favor da equipe contrária, defendemos nossa equipe porque sentimos que foi um fator que os jogadores não puderam controlar. Aí está uma grande diferença.

Você é uma pessoa com lócus de controle externo ou lócus de controle interno? Faça o teste a seguir!

INVENTÁRIO DE ORIENTAÇÃO EMPREENDEDORA

Instruções

Distribua cinco pontos em cada par de afirmações a seguir, destinando a maior parte dos pontos para aquela com a qual você concordar mais. Por exemplo: na questão 1, se você concordar plenamente com a afirmação A e discordar totalmente da afirmação B, escolha a combinação 5-0 (cinco pontos para A e nenhum ponto para B). Se concordar muito com a afirmação A e um pouco com a afirmação B escolha a combinação 4-1 (quatro pontos para A e um ponto para B). Se concordar apenas ligeiramente mais com a afirmação A em relação à afirmação B, escolha a combinação 3-2 (três pontos para A e dois pontos para B). A mesma lógica vale para o caso de você concordar mais com a afirmação B, claro. E não se esqueça: seja verdadeiro consigo mesmo!

1		A	A capacidade de um empreendedor acaba tendo pouca influência sobre o sucesso que ele obtém, porque isso depende de muitos outros fatores.
		B	Um empreendedor capaz sempre consegue definir o destino do seu negócio.
2		A	Empreendedorismo é um dom que nasce com a pessoa.
		B	É possível desenvolver o empreendedorismo ao longo da vida.
3		A	A competência dos concorrentes define se um vendedor conseguirá vender seus produtos.
		B	Um vendedor capaz sempre consegue vender seus produtos, mesmo com bons concorrentes.
4		A	O planejamento é um fator determinante para o sucesso de um empreendimento.
		B	O planejamento não define o sucesso de um empreendimento, porque sempre surgem fatores inesperados que se tornam mais decisivos.
5		A	A condição econômica da pessoa é essencial para que ela se transforme em um empreendedor de sucesso.
		B	Um empreendedor pode se tornar sucesso independentemente da condição econômica.

6		A	Os erros dos empreendedores surgem principalmente de sua própria falta de habilidade e de percepção.
		B	Os erros dos empreendedores surgem principalmente de fatores sobre os quais eles não têm controle.
7		A	Os empreendedores são frequentemente vitimados por fatores conjunturais que sequer chegam a compreender plenamente.
		B	A informação e o envolvimento em temas sociais, políticos e econômicos podem levar os empreendedores a compreender todos os fatores que afetam seu negócio.
8		A	Obter um empréstimo depende sobre tudo da boa vontade do banco.
		B	Obter um empréstimo depende sobre tudo da viabilidade do plano de negócio.
9		A	Buscar informações com vários fornecedores antes de comprar matéria-prima é essencial para obter o melhor produto.
		B	Não há porque perder tempo coletando informações: a qualidade do produto que se compra está diretamente relacionada ao valor que se paga.
10		A	Ter ou não lucro depende da sorte.
		B	Ter ou não lucro depende da competência.

11		A	Há pessoas que, por suas características, jamais terão sucesso como empreendedoras.
		B	É possível desenvolver capacidade empreendedora em pessoas com qualquer tipo de perfil.
12		A	As origens sociais de uma pessoa definem se ela terá sucesso como empreendedora.
		B	Não importam as origens sociais; o esforço e a capacidade da pessoa podem levá-la ao sucesso como empreendedora.
13		A	Não há como escapar dos entraves causados pela burocracia (órgãos do governo, funcionários públicos, bancos).
		B	É possível não depender da burocracia.
14		A	O mercado se tornou tão imprevisível que é aceitável empreendedores de visão errarem.
		B	Um empreendedor deve culpar a si próprio pelos seus erros de percepção.
15		A	O destino de cada um depende de seus próprios esforços.
		B	Tentar mudar o destino de alguém é inútil. O que tiver que ser, será.

16		A	Há muitas circunstâncias que escapam do controle do empreendedor.
		B	Os empreendedores fazem suas próprias circunstâncias.
17		A	Não importa quanto nos esforçamos, só conseguimos realizar o que está reservado pelo destino.
		B	Os resultados que obtemos dependem dos nossos esforços.
18		A	A eficácia de uma organização depende sobretudo da existência de pessoas competentes.
		B	Por mais competentes que sejam os profissionais de uma empresa, as condições socioeconômicas podem levá-la a enfrentar sérios problemas.
19		A	Às vezes é melhor deixar as coisas se encaminharem sozinhas, ao acaso.
		B	Agir para resolver os problemas é sempre melhor do que deixá-los ao acaso.
20		A	A competência no trabalho sempre será reconhecida.
		B	Por mais que alguém seja competente, ele depende dos contatos para crescer.

Tabela de pontuação

Instruções: transfira seus pontos do inventário para a tabela de pontuação.

Coluna 1	Coluna 2
01B _____	01A _____
02B _____	02A _____
03B _____	03A _____
04A _____	04B _____
05B _____	05A _____
06A _____	06B _____
07B _____	07A _____
08B _____	08A _____
09A _____	09B _____
10B _____	10A _____
11B _____	11A _____
12B _____	12A _____
13B _____	13A _____
14B _____	14A _____
15A _____	15B _____
16B _____	16A _____
17B _____	17A _____
18A _____	18B _____
19B _____	19A _____
20A _____	20B _____
Total: _____	Total: _____

Depois, divida o total da 1ª coluna pelo total da 2ª coluna para chegar ao seu resultado de Lócus interno.

EXEMPLO: 1ª coluna: 60 pontos; 2ª coluna: 40 pontos

$$\frac{60}{40} = 1,5 \text{ de Lócus interno}$$

Pontuação:_____ Lócus de controle interno

- Abaixo de 1,0 – Indica que você tem um alto nível de orientação por controle externo, com poucas possibilidades de iniciar uma atividade como empreendedor ou de se destacar profissionalmente.

- Entre 1,0 e 2,9 – Indica que você até pode vir a ser um empreendedor ou obter um bom desenvolvimento profissional, mas é importante aumentar o seu nível de controle interno nas atividades profissionais.

- Entre 3,0 e 4,9 – Indica que você tem um bom nível de controle interno, isso quer dizer que você pode desenvolver atividades profissionais ou empreendedoras sem precisar de pessoas que lhe incentivem suas realizações.

- Entre 5,0 e 6,9 – Indica que você tem um excelente nível de controle interno, com grande possibilidade de iniciar uma atividade como empreendedor ou de se destacar profissionalmente.

- De 7,0 em diante – Indica que você tem um nível de controle interno fora do comum. Dificilmente suportará estruturas corporativas muito rígidas.

OBSERVAÇÃO: A pontuação máxima esperada é 9,99. Se sua pontuação deu acima disso é sinal de que você priorizou todas as respostas dando 5 ou 0. Nesse caso, confirme se está correto e considere a pontuação acima de 7.

Personalidade empreendedora

Por que a personalidade empreendedora se forma e se estrutura com os traços que acabamos de ver?

Para responder a essa pergunta, é preciso entender a genética do comportamento. O ser humano é biopsicossocial. *Bio* é a carga genética que vem com o indivíduo. *Psicossocial* é o conjunto de características que o indivíduo vai adquirindo em ambientes fundamentais como a primeira infância, de 0-2, de 2-7 e, depois, momentos que vão reforçando padrões de comportamento até a janela da adolescência.

O genoma humano é o código genético humano, em que está contida toda a informação para a construção e o funcionamento do organismo humano. Esse código está em cada uma de nossas células, nos cabelos, nas unhas, nas vísceras etc.

O genoma humano se distribui por 23 pares de cromossomos que, por sua vez, contêm genes específicos. Esses genes vão carregar três tipos de características, conhecidas como "herdabilidade".

A herdabilidade se divide em:

- *fisiológica*: predisposição diferenciada do organismo interno, como predisposição a doenças, hormônios etc. Apenas um gene pode fazer a diferença.

- *fenotipia:* são as características corporais manifestadas, que podem ser observadas no corpo. Mais de um gene vai levar a um tipo ou formato do olho, por exemplo.

- *temperamento*: tudo aquilo que se refere a predisposições na atitude do funcionamento de um indivíduo. Mais de um gene vai levar à predisposição a comportamentos saudáveis ou não, prósperos ou não. O indivíduo pode ter predisposição ao álcool, ao empreendedorismo, à agressividade etc. Para falar da herdabilidade no temperamento, precisamos falar de atitude. A atitude tem uma relação com os seguintes aspectos do indivíduo: a maneira como pensa, a maneira como sente e – em decorrência dessas formas de pensar e sentir – seu padrão de comportamento.

A herdabilidade do temperamento, ao ser estimulada, transforma-se em dom, como, por exemplo, o dom de criar, de empreender. Ao ser estimulada pela família, pelos professores, por alguém que seja influente na vida da pessoa, essa característica vai sobressair.

Desafios de gerações

Até a década de 1970, uma geração era considerada um intervalo de 25 anos de diferença de uma para a outra.

Com a globalização, mais informações, o nível elevado de estímulo, maior acesso às inovações, houve uma aceleração nesse espaço de tempo. Hoje, a diferença de uma geração para outra é de apenas dez a vinte anos.

As categorias que influenciaram na mudança são:

1. **Sociais:** Novos estilos de vida – as famílias, anteriormente de modelos tradicionais, foram mudando e atualmente são sistêmicas, plurais. São, por exemplo, casais que moram com os pais, muitas vezes num segundo casamento, com os filhos de ambos. É um sistema diferente que não ocorria há cinquenta anos. Com essa nova configuração, o estilo de vida também muda. A interação não é completa. Embora a família seja sistêmica, ela começa a ganhar individualidade. Nem todo mundo vai conviver junto. Os contatos virtuais inibem a culpa da falta de vínculo.

2. **Econômicas:** Com a globalização, atualmente uma nação pode interferir no ciclo econômico do mundo. Tanto a concorrência no mercado mundial quanto a competição são globais. Hoje em dia existem facilidades impensáveis na geração dos *baby boomers*, por exemplo. Fazemos compras pela internet, sabemos o que acontece em Dubai, conhecemos produtos no dia do lançamento mundial. O gerenciamento do ciclo econômico é completo.

3. **Políticas:** A política não é algo que apenas um feudo discute, entende. Ela também foi globalizada. Mudamos de regime, escolhemos presidentes, vemos as mudanças de tributação, entre outras coisas. Sabemos que a alteração de legislação e o aumento de impostos podem quebrar uma empresa, causar desemprego, pois o aumento de tributo faz o funcionário custar mais caro; em consequência, os benefícios são diminuídos, o número de vagas vai escasseando. Assim, podemos nos preparar para o que acontece.

4. **Ambientais:** A cada ano, há um crescente número de pessoas que olham para o futuro com responsabilidade social. Pessoas que se preocupam com o tipo de mundo que vão deixar para as próximas gerações. Passamos não só a cuidar das baleias, mas começamos a cuidar das praças próximas à nossa casa, ao condomínio, a fazer coleta seletiva, a não jogar lixo no chão. Todos começam a cuidar um pouquinho para participar do grande estrondo das metas, que é cada um cuidar do social.

5. **Demográficas:** A adaptação a mudanças na força de trabalho – idade, grau de instrução, globalização, expectativas. Atualmente, há muito mais normas e leis que protegem os cidadãos. Na geração dos *boomers* e

dos *baby boomers*, a carteira de trabalho podia ser assinada aos 13 anos. Hoje, pensa-se na infância e se dá a oportunidade de o jovem adquirir experiência como menor aprendiz, sem que o trabalho comprometa seus estudos, sua qualidade de vida.

Características das gerações

Boomers (1926-1945):

- Trabalhadores tradicionais;
- Leais;
- Pragmáticos;
- Disciplinados;
- Extremamente dedicados;
- Entendem e se conformam com o sacrifício;
- Respeitam hierarquia;
- São formais;
- São burocratas;
- A maioria já se encontra aposentada.

São os mais antigos de uma geração considerada classificatória, os mais fechados, mas mais solidários entre si. É uma geração que demonstra mais lealdade, que determina limites entre certo e errado. Exerce controle do ambiente, impõe regras, é mais rígida, mas altamente dedicada. São pessoas oriundas de um modelo tradicional de sobrevivência. O critério rígido ocorre por causa da Primeira Guerra Mundial. Para elas, trabalho e sacrifício são sinônimos de monetização. Respeitam a hierarquia, são cabeças-duras, seu modelo mental não é alterado. São burocratas, formais, prezam pela boa apresentação. A maioria das pessoas dessa geração está se retirando do mercado de trabalho.

Baby boomers (1946-1964):

- Foco no curto prazo;
- Mentalidade de trabalhar sob pressão;
- Competitivos e voltados para resultados;
- Liderar significa comandar e controlar;
- Priorizam o trabalho;
- Não se preocupam com qualidade de vida;
- Gostam de emprego fixo e estável;
- "Vestem a camisa";
- Têm mais dificuldade com perda de status e de poder;
- Têm dificuldade com tecnologias digitais;

- Preferem ser reconhecidos pela experiência à sua capacidade de inovação.

Uma geração mais conflituosa, que veio do pós-guerra, de um ambiente reprimido, em que não se podia ter nada. O fato de a maioria ter sofrido privações, com escassez prolongada de inúmeros itens básicos, faz com que essas pessoas queiram se libertar. Não querem esperar vinte anos, pensam em curto prazo. Esquecem a visão de longo prazo e querem tudo resolvido no ato. São trabalhadores compulsivos, ditatoriais, voltados a resultados e altamente competitivos. Têm a habilidade de acomodar a rigidez com qualidade de vida. Liderar, para essa geração, significa comandar uma equipe. Essas pessoas priorizam o trabalho, pois têm como princípio que quem trabalha será valorizado. Preocupam-se em trabalhar, poupar para usufruir no futuro. Pensam na aposentadoria como um prêmio e têm dificuldade de perder status e poder. Não faz parte desse modelo mental atualizar-se para competir. Para essa geração, quanto mais se trabalha, mais se consegue manter seu lugar dentro de uma empresa. Por ter dificuldade com tecnologia e mídias sociais, prefere ser reconhecida por sua experiência, sua capacidade de fazer coisas diferentes. A tradição, a carteira assinada e o currículo ainda são questões que permeiam o inconsciente coletivo dos *baby boomers.*

Geração X (1965-1983):

- Equilibram entre objetivos de carreira e qualidade de vida;
- Buscam equilíbrio entre vida pessoal e profissional;
- Têm um medo inconsciente de ser demitidos;
- Sentem-se ameaçados pela geração Y;
- Primeira geração que domina computadores;
- Gostam de trabalhar num ambiente de equipe;
- A meta de carreira é dirigida a novos desafios;
- São orientados às ações;
- São empreendedores;
- São autocentrados;
- São pragmáticos.

Essa geração é uma das mais conflituosas. Está próxima da rigidez, mas nota que todo mundo pode vivenciar coisas melhores do que ela. Então, seu desejo de antecipar patrimônios, condição de vida, é galopante. A pressa pelo acúmulo passa a fazer parte da geração X. Existe uma grande ambivalência no conflito em que vive, pois quer, ao mesmo tempo, dedicar-se ao trabalho e ter qualidade de vida. É nessa geração que nasce a questão existencial: "Será que isso é pra mim?".

Nesse momento começa o questionamento se é isso mesmo que querem para si: trabalhar demais, acumular e não ter tempo de viver. Nasce aí o questionamento da qualidade de vida. Tem, porém, um medo inconsciente de ser demitido, de perder o *status quo*, de ser preterido, humilhado. Tem dificuldade de lidar com a geração que vem em seguida. Como não consegue competir, boicota a próxima geração.

É a primeira geração que começa a trabalhar com tecnologia. Empreendedora por natureza, busca no negócio próprio uma forma de acumular, de ganhar dinheiro, de ser bem-sucedida.

Como as pessoas dessa geração são autocentradas, primeiramente pensam em si mesmas e, então perdem-se um pouco da qualidade social, da preocupação com os clãs. As famílias começam a se dividir. Perde-se a condição de cooperação, da reciprocidade. O altruísmo se fragiliza. Têm medo de perder a possibilidade da conquista. São pragmáticos na tomada de decisão. O que precisa ser feito para me manter vivo primeiro? Essa forma de pensar traz o pensamento orientado para resultado.

Geração Y (1984-1995):

- Imediatistas;

- Autocentrados;

- "Multitarefeiros";

- Tecnicamente sofisticados;

- Desejam inovar a qualquer custo;

- Têm interesse por projetos;

- Buscam constantemente por novas experiências;

- Desejam crescer rapidamente na carreira;

- Geração internet: são tecnologicamente superiores;

- Necessitam de reconhecimento positivo periódico;

- Querem flexibilidade de horários e preferem roupas informais;

- Não abrem mão de gerenciar simultaneamente a vida pessoal e profissional.

Essa é uma geração imediatista no ambiente de trabalho. São trabalhadores autocentrados, querem se livrar do trabalho o mais depressa possível para se dedicar a outras coisas, como jogar bola, namorar, passear. São antenados em todo tipo de tecnologia, são "multitarefeiros", fazem três ou quatro coisas ao mesmo tempo. Isso, porém, não permite que eles se aprofundem. Essa aceleração faz com que resolvam problemas, mas não consigam entendê-los.

De acordo com Mário Sérgio Cortella, filósofo e palestrante, estamos deixando de fazer pamonha, estamos na fase de "despamonhização", ou seja, deixamos de ralar o milho, todos juntos. Na geração Y, a pamonha já está pronta no supermercado. Poucos dos nossos filhos saberão como fazer pamonha. É a geração sem apego, que substitui uma coisa por outra rapidamente. Isso quer dizer que vão sendo trabalhados para, caso a chuteira rasgue, adquirir outra no mesmo instante. Por exemplo, eu estava jogando com meu filho, e a bola caiu na casa do vizinho. Ele falou: "Ah, depois a gente vê outra bola". Eu disse: "Não. É essa a bola que a gente tem que ir buscar!". Ou seja, eles têm dificuldade de respeitar a "pamonhização".

Diferentemente de outras gerações, não querem vínculos, não têm visão de longo prazo. Querem trabalhar por projeto. São mais permeáveis, portanto, são mais maduros. São mais abertos a novas experiências, querem crescer logo.

É importante entendermos que eles têm outro ritmo. São experts em tecnologia, querem começar em cargo alto. É a geração internet. Precisam de reconhecimento positivo periodicamente. Eles se desmotivam com rapidez, por isso precisam de feedback constante. Eles são imediatistas no modelo mental. Querem flexibilidade de horário, vestir-se de maneira casual. A vaidade não se sobrepõe ao bem-estar.

Não abrem mão de gerenciar simultaneamente a vida pessoal e profissional e estão conectados com tudo, com escola, casa, clube, trabalho, o que faz com que não se aprofundem em nada.

Geração Z (1996-2014):

- Impacientes;

- Individualistas;

- Nativos digitais;

- Perfil imediatista;

- Mais voltados para os games;

- Mais interessados em "estar" do que em "ser";

- Contemporâneos a uma realidade conectada;

- Ainda não saíram da escola;

- Ainda não decidiram a profissão a ser exercida;

- Valores familiares não são tão expressivos quanto os contatos virtuais.

Essa é a geração dos impacientes, individualistas, autocentrados, com perfil imediatista. São nativos digitais, com grande capacidade de aprender por meio da tecnologia. Contemporâneos de uma realidade conectada, pertencem à fase em que a internet, o mundo digital, a globalização fazem parte da mesa de jantar. Formada pelos que ainda não saíram da escola, então não decidiram que profissão será exercida. Para essa geração, os valores familiares não são tão expressivos como os contatos virtuais. Não possuem tanto vínculo com a família.

Dentro de uma empresa, têm pouco espírito de time. Preferem receber orientação individual. Essa geração vê o todo, mas quer trabalhar em apenas uma parte da célula de produção, pois assim consegue medir sua produção.

CAPÍTULO IV

Orientação para resultado

Quando iniciamos o diagnóstico de implantação da orientação para resultados, em geral encontramos algumas características próprias da natureza humana, que ditam experiências, padrões, estágios e formas de criação que atrapalham muito. A primeira delas é a arrogância da certeza, identificada pela incapacidade de ouvir pontos de vista diferentes dos nossos, mesmo quando sabemos estar errados. Outra é a incompatibilidade de nossa visão interna com a realidade objetiva apresentada pelo mundo, ou seja, o conflito entre nossas fantasias e nossas idealizações e aquilo que de fato é factível e viável.

Sempre buscamos o conforto e, por causa disso, acabamos deixando para amanhã o que deve ser feito hoje, e isso nos leva a protelar e nos acomoda no eternamente preguiçoso "depois".

Insatisfações constantes e falta de motivação são sentimentos que nos assombram nos tempos ruins, fazendo parecer que o problema de hoje é o maior de nossa vida. É raro isso ser verdade.

As angústias e as ansiedades diárias nos acossam como se ainda fôssemos crianças, o que obviamente não é mais verdade. E, por fim, sempre atribuímos a outros os problemas que na realidade são nossos – isso é chamado de projeção pela Psicologia.

Esse mapeamento só mostra que todas essas características correspondem à natureza dos seres humanos. Isso é inegável. Se forem apreendidas e treinadas, porém, as mesmas características poderão nos transformar em pessoas de melhores resultados, trabalhando os negócios e não só nos negócios, sendo mais estrategistas e menos tarefeiros, enfim, permitindo construir o futuro por ver a floresta, e não só a árvore que está à nossa frente.

Apresento a seguir, de forma simplificada e prática, as especificações técnicas e metodológicas que me permitiram chegar ao mapeamento utilizado nos tópicos tratados nesta parte do livro.

Fazendo uso de uma metodologia que emprega a técnica das "entrevistas focadas", desenvolvida por Owen Flanagan (1991), elaborei perfis comportamentais extraídos de mais de 2 mil entrevistas. Destas, foram selecionados duzentos perfis (cerca de 15% do universo mapeado), nos quais identifiquei um grande número de personalidades que podemos definir como "pessoas de resultado" ou realizadores, seja na área pessoal, seja na empresarial.

Observei que cerca de 93% dessa amostra tinha em comum sete características, que se apresentavam, direta ou indiretamente, com alguma clareza aos meus olhos. Procurei também me apoiar na literatura existente tanto na Psicologia empresarial (Psicologia industrial, Psicanálise nos negócios, Psicologia de relações humanas e behavioristas organizacionais) quanto na Psicologia geral.

Os chamados traços (definidos por Wilhelm Reich em *Análise do caráter),* ou características mais marcantes do comportamento dos indivíduos, receberam de mim nova nomenclatura nesse estudo. Assim, por exemplo, aquilo a que dou o nome de visualização contempla os conceitos de antevisão, de visão de longo prazo, de capacidade de estabelecer objetivos, de habilidade de estipular metas mensuráveis, utilizados por outros autores.

Portanto, embora alguns desses termos possam parecer comuns, eles traduzem, na realidade, conceitos de maior abrangência em razão da heterogeneidade das raízes presentes em sua formação. São os **sete pontos-chave** que se contrapõem aos problemas citados no início deste livro: *visualização, desafio, manutenção do foco, criação de mapas de percurso, expectância* (capacidade de manutenção de um propósito) *e drive, tolerância à ambivalência e à incerteza* e *autorreforço para a autoestima*

Como identificar um perfil que é orientado para resultados? É possível desenvolver as características de um perfil que sempre se destaca, independentemente se sua conduta é empreendedora ou não?

Baseado nos estudos de David McClelland – psicólogo da Universidade de Harvard – e da *Management Systems Internacional* (MSI), sistematizei sete características determinantes que formam os traços de orientação para resultados. Assim nasce, então, como identificar e como desenvolver as matrizes, ou características, de um perfil que sempre se destaca, aquele que é orientado para resultados independentemente de sua conduta empreendedora, da personalidade empreendedora.

Veja a seguir cada um dos sete pontos-chave

1. Capacidade de visualização

- Tem visão de longo prazo dos resultados alcançáveis e/ou das tendências.

- Identifica e age de acordo com propósitos elevados.

- Identifica e usa seus recursos e/ou potencialidades.

A capacidade de visualização é dividida em:

CARACTERÍSTICAS ARQUETÍPICAS

A capacidade de uma pessoa empreendedora é a visualização de onde ela quer chegar. Destacam-se as características arquetípicas, que vêm de arquétipos, descritas por Carl Gustav Jung como um conjunto de imagens psíquicas presentes no inconsciente coletivo e que seria a parte mais profunda do inconsciente humano. Os arquétipos são herdados geneticamente dos ancestrais de um grupo de civilização, etnia ou povo. São fantasias futuras. Diferente de sonhos, diferente de desejos, são uma visão muito clara do que a pessoa quer atingir. E é palpável. Não é algo idealizado.

Por exemplo, uma criança que durante a infância andava a cavalo na fazenda do avô. Quando cresce, o avô já morreu, a fazenda foi vendida, e essa pessoa tem dentro dela o desejo de possuir, um dia, um sítio com cavalo. Então, esse arquétipo orienta o indivíduo no tempo. Seu objetivo é: "um dia eu vou ter o meu sítio...".

ESPECIFICAÇÕES DETALHADAS

Há, em cada pessoa, a clareza do detalhe em tudo aquilo que ela pensa. Ela tem a visualização e sabe exatamente o que quer e como quer. Por exemplo, um rapaz desejava construir um galpão para estocar madeira. Ele sabia dizer exatamente como queria: prateleiras de alvenaria para suportar o peso, em toda a parede, com vãos de 50 cm. Portanto, pessoas orientadas para resultados visualizam o que querem e determinam o que buscar. Ali vou poder colocar e tirar o material independentemente do peso. Há uma justificativa clara daquilo que se deseja.

REFERENCIAL NO TEMPO × PARÂMETRO DE PRAZO

Sempre que são questionadas se conseguem atingir seus objetivos, as pessoas orientadas para resultados estabelecem referências no tempo ou parâmetros de prazo. Não é definida uma data, mas, sim, mais ou menos quando conseguirão, por exemplo, na metade do ano de 2020 ou entre 2020 e 2021. Até porque essas pessoas já têm visualizado que essa é uma parte do projeto que pretendem continuar.

REFERENCIAL DE MEDIDA E NÚMERO

O modelo mental dessa capacidade de visualizar é voltado a parâmetro de números. Não números absolutos. Certa vez, um rapaz que estava na praia olhou para o vendedor de caipirinha e ficou fazendo cálculos sobre o qual seria seu lucro líquido, por dia, com as caipirinhas vendidas. O rapaz começou a estimar o montante líquido, mais ou menos, que o vendedor ganhava por dia. Não era um número estático, concreto, rígido. Havia uma estimativa de valor, um pouco mais, um pouco menos. Essa ideia era manejada no tempo. Não tinha a rigidez do absolutismo, para não causar a sensação de que não daria certo.

Essas visualizações eram imagens que ele projetava, que passavam durante todo o tempo em sua mente.

2. Capacidade de superar desafios

- Analisa e opta entre diferentes riscos.
- Coloca-se em situações desafiantes com riscos moderados.
- Age para reduzir os riscos ou controlar os resultados.

A capacidade de superar desafios é dividida em:

SIMPLICIDADE COM COMPLEXIDADE

O ato de visualizar o que se quer, de trabalhar para que isso ocorra, simplifica os momentos mais difíceis. Mesmo que a pessoa tenha diante de si uma série de etapas difíceis, de grande complexidade de ações, a atuação é sempre de forma simples, fazendo com que o desafio seja visto passo a passo. Sem nenhum avanço infundado. Podemos dizer, sem dúvida, que o simples é o correto.

AUMENTO DE EXPECTATIVAS: A DELE MESMO E A DOS OUTROS

A cada dificuldade que o indivíduo vê, ele vai trabalhando cada etapa. Isso leva a uma visão positivista. A cada dificuldade, a cada questionamento, a cada medo, o indivíduo consegue virar o jogo, listar com clareza as etapas que precisa vencer e encorajar as pessoas a seguir com ele.

EXISTÊNCIA DA POSSIBILIDADE DE FRACASSO

Não existe desafio na condução de situações com a possibilidade de dar errado. O fracasso desperta o medo funcional, o pavor de as coisas ocorrerem, o temor que faz as pessoas ficarem mais atentas, ver e rever minuciosamente cada parte, cada etapa. Não é o medo que paralisa. O medo impulsiona, pois a pessoa tem pela frente o desafio de vencer etapa por etapa. Ela sabe que a presença da ameaça é real.

O QUE É FÁCIL NÃO MOTIVA

A facilidade não é motivadora. Se não houver uma pitada de possibilidade de fracasso, o indivíduo não se esforça para dar o seu melhor. Portanto, um objetivo que não tenha uma possibilidade de fracasso não configura um objetivo, não extrai do indivíduo o melhor que ele pode oferecer. A facilidade faz com que ele não revele todo o seu potencial.

PADRÕES ELEVADOS PARA REALIZAÇÃO

O indivíduo não se atém a coisas normais. A busca é pelo melhor, por aquilo que leve à excelência, ao resultado que seja reconhecido como top. O indivíduo não quer apenas fazer. Quer fazer bem. Quer se destacar. Ou seja, não é simplesmente se colocar em ambientes de desafios que levará esses indivíduos a se orientar para resultados. É sua capacidade de superar esses momentos.

3. Manutenção do foco

- Concentra-se em tarefas e ações que gerem resultados.
- Identifica "o que é correto" para cada tarefa ou ação.
- Atinge resultados com maior qualidade, menor custo e/ou menor prazo.

A manutenção de foco é dividida em:

BAIXA IMPORTÂNCIA AO ASSÉDIO DO DIA A DIA

As pessoas têm problemas de duas ordens: ou por ter competência ou por não ter competência. No primeiro caso, há muito assédio, e o indivíduo tem que ter a capacidade de dizer não. A característica não é estabelecer o foco. É manter o foco. O preço de uma identidade fortalecida é saber dizer não.

DIRECIONAMENTO PARA CAPTURA DE OPORTUNIDADES

Enxergar, identificar e ir atrás da oportunidade. Não é a capacidade de atirar para todos os lados. É a capacidade de eleger a oportunidade dentro de seu foco.

FALAM MAIS "NÃO" DO QUE "SIM"

Não saem de seu foco. Dizem não, pois sabem aonde querem chegar. Elegem algo como propósito e dizem sim a tudo o que os leve a ele.

VISÕES ARQUETÍPICAS

São como se fossem quadros animados, vivos, estabelecidos como visão para o futuro. Eles veem as coisas acontecerem. As visões são orientadas para a manutenção do foco.

NÃO SE TRAEM NO MEIO DO PROCESSO

Mesmo que haja pessoas que busquem desmotivar, que tentem colocar pedras em seu caminho, esse indivíduo sempre mantém a força e não muda o foco. Está aí o segredo de alcançar o que foi visualizado: nada que possa desmotivar o faz perder a força e mudar de foco.

4. Criação de mapas de percurso

- Divide os resultados em tarefas e ações com responsáveis e prazos.
- Determina resultados de curto prazo com unidades de medida.
- Estabelece e revisa as prioridades para as tarefas e ações a serem executadas.

A criação de mapas de percurso é dividida em:

SCRIPT MENSAL

O indivíduo trabalha com uma orientação do que vai fazer do princípio ao fim.

MAPA DE PRIORIDADES

O que é mais importante? O que fazer primeiro? Essa definição já está elaborada na mente do indivíduo, pois ele sabe o que não pode ser negligenciado, deixado para depois.

AUSÊNCIA DE INSTRUMENTOS SISTEMÁTICOS DE ANOTAÇÃO

Não há planilhas nem *checklists*. As operações mentais são concatenadas de maneira que uma leve à outra.

BASE DE REFERÊNCIA: O QUE FOI VISUALIZADO × MARCHA À RÉ

O indivíduo tem sempre como referência aquilo que foi visualizado. Caso, em algum ponto, esteja saindo do traçado, ele rapidamente dá marcha à ré.

5. Expectância e *drive*

- Estabelece estratégias intencionais para manter as expectativas em outras pessoas.
- Age repetidamente ou muda de estratégia a fim de enfrentar um desafio ou superar um obstáculo.
- Assume responsabilidade pessoal sobre suas decisões, ações ou seus resultados.

A criação de mapas de percurso é dividida em:

DIRIGIR A PRÓPRIA ENERGIA PARA MOTIVAR O PROPÓSITO DE AGORA

A capacidade de dirigir a motivação, criar expectativa para as outras pessoas e cumprir o propósito.

MANTER OS OBJETIVOS × FLEXIBILIZAR OS CAMINHOS, QUANDO NECESSÁRIO

A rigidez traz sofrimento. Muitas vezes, para se chegar ao objetivo, ao fim do caminho, àquilo que foi visualizado, é necessário ser flexível.

ALTERAR PRAZOS SEM DESMOTIVAÇÃO (COM SERENIDADE), QUANDO NECESSÁRIO

Se não deu para fazer hoje de jeito nenhum, amanhã será feito. A sabedoria é alterar o prazo na medida da necessidade, mas sem se sentir frustrado nem incompetente. O foco é mantido, mas com flexibilidade no caminho para chegar a ele.

BAIXO ÍNDICE DE PROTELAÇÃO DESNECESSÁRIA

Quando se mantém o foco, o índice de protelação praticamente inexiste. A energia está carregada para percorrer os caminhos fim de atingir o objetivo. Não há procrastinação.

CAPACIDADE DE SE DIRIGIR × CONTROLE DA BASE DE CONDUTA

O indivíduo tem a capacidade de se dirigir, de se motivar, quase sempre tendo como modelo mental um professor, os avós, os pais. Isso direcionava o padrão de sua motivação. Eles são a base de conduta.

6. Tolerância à incerteza e à ambivalência

- Mantém seu ponto de vista diante da oposição ou de resultados iniciais desanimadores.

- Faz as coisas antes que seja solicitado ou antes de ser forçado pelas circunstâncias.

- Faz um esforço extraordinário ou esforço pessoal para alcançar um resultado.

A tolerância à incerteza e à ambivalência é dividida em:

CAPACIDADE DE SUPERAR O PRÓPRIO ORGULHO

Tudo pode dar errado. Tudo pode dar certo. O indivíduo deve estar preparado para o erro e também para assumi-lo. "Errei, me ensine como acertar, sou capaz de superar."

RESPONSÁVEL PELO FRACASSO

Assumir a responsabilidade pelo fracasso e rever em que condições o fracasso ocorreu faz com que o indivíduo não perca a motivação e se fortaleça.

O ERRO MOTIVA TANTO QUANTO O ACERTO

O erro desperta uma defesa chamada "formação reativa". Ou seja, "agora não vou errar mais, agora acerto". "Se cair, vou levantar e dar a volta por cima."

ERRAR FAZ PARTE DA CONQUISTA

Não sair do foco não significa não errar durante o percurso. Errar não é um desmotivador. Errar faz parte do caminho, do aprendizado, do "chegar lá".

APOIAR-SE NO ERRO PARA UM ACERTO

É natural trabalhar no erro para acertar. Afinal, a experiência do erro faz o indivíduo trilhar outro caminho, fazer diferente, buscar opções.

O ERRO É SÓ UMA ETAPA

Encarar o erro como uma etapa a ser vencida, como uma pedra a ser tirada do caminho, como um aprendizado para fazer melhor.

SÓ CHEGUEI AQUI PORQUE ERREI MAIS DO QUE ACERTEI

Ter orgulho do que conquistou, com erros e acertos. Não esquecer que errar faz parte de todas as etapas da vida, para que o indivíduo se aprimore. Trabalhar no erro faz com que as pessoas aprendam a acertar.

7. Autorreforço para a autoestima

- Expressa confiança na própria capacidade de alcançar um resultado desafiante.

- Estabelece autoincentivos pelo alcance de resultados positivos.

- Identifica as fraquezas e age para reduzi-las.

O autorreforço para a autoestima é dividido em:

PRESENTEAR-SE APÓS UMA REALIZAÇÃO PERTINENTE AO MAPA DE PERCURSO, INDEPENDENTEMENTE DA GRANDIOSIDADE DA CONQUISTA

Ao atingir um objetivo expressivo, presentear-se de acordo com a importância da etapa conquistada.

DETERMINAR BENS MATERIAIS PARA AQUISIÇÃO APÓS AS ETAPAS DE MAIOR RELEVÂNCIA

O presente tem que ser compatível com a grandiosidade da etapa. Não pode ser maior que o trabalho, porque pode gerar desmotivação.

RECOMPENSAR-SE POR COISAS NÃO COMPREENDIDAS POR TERCEIROS

Presentear-se com o coração, com o que é importante para o seu prazer, para a sua alegria. Se você cumpre, merece o que você quer, desde que seja compatível com a grandiosidade da etapa cumprida.

TRABALHAR BEM O SENTIMENTO DE CULPA AO SE REFORÇAR

"Eu mereço porque conquistei." Não é se dar o presente por estar trabalhando demais. O cérebro precisa entender que, se você cumpre uma etapa importante, você merece ser presenteado. A cada conquista, um prêmio. Do contrário, as conquistas não fariam sentido. Seriam apenas etapas e isso acabaria sendo desmotivador.

Os desafios do autoconhecimento × os sete pontos-chave

Os empreendedores têm algumas características naturais, as quais permitem desenvolver o lado empreendedor ou orientá-los para resultados. Isso significa que é muito mais assertivo trabalhar a conduta orientada para resultados em indivíduos que tenham o talento para empreender.

Muitos chamam a vocação empreendedora de visão; outros de antevisão, que é a capacidade de vislumbrar algo pronto antes que ele aconteça, como se a pessoa pudesse se nortear por essa habilidade de ver, antever ou visualizar. Essa visualização é o que permite alimentar o foco, a manutenção do propósito e a expectância, características que serão abordadas mais adiante. Visualizar permite diminuir muito as chances de se perder no caminho.

CONSTRUÇÃO DE UM ITINERÁRIO DE BUSCA

Como traduzir isso de forma ainda mais clara? Essa capacidade de visualização apresenta-se como uma operação mental. A visualização tem relação direta com as operações mentais que fazemos antes de enfrentar determinada situação ou perseguir um objetivo. Se não conseguirmos construir uma operação mental que gere a visualização, nunca conseguiremos sair do lugar. Se sairmos, os resultados demorarão muito mais a aparecer, pois nossas ações serão baseadas em tentativas e erros, sem ter uma imagem futura que guie nosso trajeto. Assim, não teremos foco. Essa demora e essa falta de foco muitas vezes resultam em desmotivação e perda dos nossos propósitos.

Aproveito para utilizar o exemplo de um rapaz de 13 anos em sua primeira experiência profissional. Ele era um entusiasmado adolescente, cuja ingenuidade despertou o espírito brincalhão de seus colegas mais experientes em uma loja de tinta.

Pediram a ele, no primeiro dia de trabalho, que fosse procurar nas lojas da cidade "popatapataio" (era assim que as pessoas daquela localidade chamavam a sulfa em pó, que ele desconhecia). "Não volte sem ele!", disseram com toda a seriedade. "E também queremos que traga papel carbono pautado", emendaram sem rir.

Para o rapaz, parecia mais viável encontrar o papel carbono em papelarias, mas o problema era o tal "popatapataio". Saiu do escritório às nove e meia e, obediente e preocupado em não decepcionar seus superiores, telefonou umas oito vezes durante o dia explicando: "Mas ninguém sabe o que é "popatapataio". A resposta era sempre a mesma: "Não volte sem ele, é muito importante para o cliente!".

O rapaz percorreu vários tipos de loja: de materiais de construção, de produtos automobilísticos, farmácias, supermercados, mas ninguém sabia o que era "popatapataio". Até que encontrou um farmacêutico que lhe disse: "Na minha época, popatapataio era sulfa". Inexperiente, o rapaz perguntou: "O que é sulfa?" O farmacêutico respondeu: "É um pó que a gente aplica para cicatrizar cortes *(talhos)*". E ele voltou vitorioso ao escritório, trazendo um pacotinho de sulfa e papel carbono (sem pauta, naturalmente), com uma leve desconfiança de que poderia ter se tratado de um trote.

Quando apresentou o resultado de sua busca, todos, como era esperado, divertiram-se muito.

Por que conto essa história? Para mostrar que a grande dificuldade do rapaz foi construir uma operação mental que lhe desse um objetivo, construir um itinerário de busca das encomendas absurdas de que o tinham encarregado, uma vez que não sabia do que se tratava. Para ele, o "popatapataio" foi uma grande descoberta.

Se nos lembrarmos da história de Marcelo, contada anteriormente, veremos que a ausência de visualização durante os momentos de dificuldade foi o ponto inicial de sua trajetória de insucessos e de sua falta de motivação.

VISUALIZAÇÃO COM MEIOS REAIS

As pessoas que conseguem atingir resultados têm a capacidade de construir operações mentais que geram visualizações. É como se eu pedisse a você que indicasse o carro dos seus sonhos, que o visualizasse. Agora, peço que aponte um carro que gostaria de comprar com seus recursos. As visualizações, num caso e no outro, são diferentes. No primeiro exemplo, elas se traduzem em idealização, desejo ou sonho. No segundo, já ocorre a busca do melhor dentro de suas possibilidades reais.

Pessoas bem-sucedidas em qualquer área são capazes de visualizar algo pensando nos próprios recursos, na condição real de concretizá-lo, na possibilidade, na factibilidade, não apenas numa idealização. Lembre-se: é preciso modificar o comportamento que o faz tomar decisões de acordo com a realidade interna. É preciso aprender a decidir de acordo com a realidade objetiva, porque essa operação mental que gera visualização, tão essencial para fazer os planejamentos, deve ser inspirada pela realidade objetiva. Portanto, é muito importante, desde o primeiro momento, conhecer nossos verdadeiros potenciais, senão tudo o que pensarmos a nosso respeito terá características idealizadas.

É comum encontrar pessoas que trabalham com projetos enormes, com visualizações pra lá de idealizadas. Certo dia, num trabalho de capacitação, pedi a cada participante do grupo que enxergasse vinte anos à frente. Um deles se viu com um patrimônio de 5 milhões de reais. Perguntei qual era sua situação financeira atual.

– Estou devendo 3 mil reais no cheque especial e quase 3 mil no cartão de crédito.

– E o que você sabe fazer? – Perguntei.

– Por enquanto sou um bom administrador em informática.

– Quanto você ganha por mês? – Perguntei novamente.

– Cerca de 1.100 reais.

Pode até parecer má vontade, mas, nesse caso, trata-se de alguém que ainda não tem flexibilidade para idealizar os meios de chegar aos 5 milhões de reais. Veja: qual é o verdadeiro potencial dessa pessoa, se calcularmos de trás para frente o tempo necessário para que chegue à meta desejada? Como estará em dez anos, em cinco anos, em dois anos? Nesse exemplo, podemos perceber uma falsa motivação que se traduz em uma fantasia que ele alimenta para se sentir capaz de ter sucesso.

É preciso, também, que a visualização, além de ter o pé na realidade, comporte ainda especificações, como no caso da pergunta sobre o carro que se deseja comprar. Ao fazer essa pergunta, automaticamente levo meu interlocutor a pensar nos recursos com que contará para comprar o carro. Agora peço que cada um especifique que carro é esse: preto, branco, novo, de que marca? A especificação é que passa a dirigir a visualização. A partir do meu pedido de especificação, eles começarão a visualizar o carro. É o que fará a visualização ser extratora de um potencial, ou seja, que funcione como estímulo, como algo que de fato pode ser alcançado. A especificação refletirá a verdadeira crença no objetivo.

Outro segredo das pessoas de sucesso é a qualidade das especificações que produzem. Algumas conseguem ver um quadro pronto, detalhado. Teóricos como David C. McCleeland, no livro *The achieving society,* chamam a isso de "visão arquetípica", no caso, algo bem diferente dos arquétipos de Carl Jung. Para ele, essa imagem construída de futuro, com especificações, permite a visualização de algo que pode ser atingido desde que se tenha o pé na realidade objetiva. *Portanto, é importante fixar duas propriedades da visualização: a capacidade de ver o futuro e a capacidade de especificar essa visualização.*

Como exemplo de se fixar em duas propriedades de visualização cito o caso de Matsushiro Honda, fundador da indústria de motores Honda e da bicicleta motorizada, que a princípio não fez sucesso com o público. Preocupado em resolver o problema, que estava bastante complicado em razão dos elevados investimentos feitos, certa noite sonhou que sua mãe se aproximava de uma bicicleta tendo na mão uma panela com a qual queria abafar o barulho do motor. Veio-lhe então o *insight*. A bicicleta produzida era muito barulhenta! O cliente, ao passar pela rua em sua pequena moto, chamaria a atenção e incomodaria as pessoas. Estava explicado por que seu veículo não vendia. O passo seguinte foi acrescentar um silenciador.

O exemplo mostra a importância do exercício mental da especificação. Pode haver necessidade, posteriormente, de adaptações ao que foi visualizado, porém o caminho é a melhor equação.

ESTABELEÇA A MEDIDA EXATA DE SEU SONHO

A *medida* é outra característica importante da visualização. Quando você pergunta a uma pessoa que tem esse traço: "Vamos nos falar na semana que vem?", ela faz outra pergunta: "Quando? Qual é o melhor horário para você?". E assim marca o encontro com dia e hora certos, não deixa nada em aberto. Ela planeja com especificidade, medida e um pé na realidade objetiva. Portanto, é preciso nos apoderarmos do nosso verdadeiro potencial, do nosso verdadeiro recurso, gerando visualizações com especificações. É preciso, também, dar a elas medida: tudo o que diz respeito a valor, custo, dimensão e expectativa de maneira quantificada.

Das características concretizadoras da visualização, falta apresentar apenas uma, o *tempo*. Tudo em que um empreendedor pensa, além das demais especificações, como medida, tem um prazo para ocorrer. E um prazo traduzido numa data, não numa generalidade como "daqui a um ano". Há um parâmetro de medida.

Ao observar atletas treinando, vemos que toda a preparação para as provas se pauta pelo tempo. Dependendo das condições de biorritmo de cada um, é possível que um corredor tenha a impressão de, em determinado dia, ter corrido os 400 metros com mais disposição que em outro. Na realidade, o tempo decorrido não se alterou, foi apenas uma percepção dada pelo bem-estar. O que objetivamente determina se uma marca é de fato melhor do que a do dia anterior é o cronômetro, isto é, o tempo em que foi alcançada. Portanto, essa é uma das técnicas pelas quais podemos interferir em nossa tendência natural à protelação. Daí a necessidade de determinar um tempo para tudo.

MUITO BARULHO POR NADA

Na edição de outubro de 2012 da conceituada revista *HSM Management* (p. 106), foi publicado um estudo segundo o qual 90% dos profissionais das mais diversas áreas empregam seu tempo em atividades inúteis. Portanto, apenas 10% deles usam as horas de trabalho de forma sensata e inteligente. O estudo da revista mostra também que: 30% dos executivos são proteladores; 20% não se comprometem seriamente; 40% são dispersivos; apenas os já citados 10% são determinados.

Os proteladores são aqueles que, embora executem fielmente suas tarefas, não conseguem ter iniciativa. Aqueles que não se comprometem com seriedade revelam muito foco, mas baixo nível de energia. Os dispersivos são, de longe, o contingente mais numeroso dentre os executivos estudados pela revista. São pessoas bem-intencionadas e com alto nível de energia, porém, carentes de foco. Confundem movimentação frenética com ação construtiva. Já os determinados têm grande energia e foco, esforçam-se mais que os colegas e, por isso, atingem metas cruciais e de longo prazo mais frequentemente que os outros.

Nas organizações, a tendência humana à protelação só consegue levar a pior quando a hierarquia estabelecida exige prazos rígidos. Quando isso acontece, é como se não houvesse mais a possibilidade de afrouxamento da ação esperada. Então, diante dessa inflexibilidade, as pessoas desafiadas acabam por extrair seu mais alto potencial e aceitam dobrar o desconforto, uma vez que não há hipótese de não corresponder aos prazos previstos.

Somos todos, ou quase todos, como o estudante que acaba deixando seus trabalhos escolares para a última hora. Às vezes temos oito dias para fazer determinado trabalho, mas vamos protelando até o limite. Uma coisa é flexibilizar um compromisso por uma contingência qualquer, outra é um superior hierárquico estabelecer que tal prazo não poderá ser ultrapassado. O subordinado, então, terá de fazer um grande sacrifício para atender à ordem. Essas pessoas encontram uma maneira de corresponder aos prazos por serem pressionadas para isso. Será que também não teríamos condição de ser os regentes de nossos prazos com medida e tempo certos?

O MEDO DE QUE TUDO DÊ ERRADO

Um ingrediente emocionante precisa fazer parte da receita de visualização: a possibilidade de que aquilo que queremos não dê certo. Assim, está presente aqui um caráter de desafio. Somos levados a desconfiar: "Será verdade? Será que sou capaz de levar meu projeto até o fim? Será que as condições serão como espero?". Em suma, a possibilidade de fracasso não pode ser descartada, está latente durante todo o tempo.

Certo dia, conversando com um instrutor de paraquedismo, ele me contava que um de seus alunos, depois das emoções dos primeiros saltos, percebeu que eram necessários cinquenta minutos até que o avião subisse à altitude e à posição adequadas ao salto. O jovem percebeu que a queda livre durava apenas vinte segundos, e a descida com paraquedas aberto levava, ao todo, cerca de quatro minutos. Aquilo começou a incomodá-lo, pois sentia muito medo. Procurou o instrutor e lhe perguntou quando deixaria de ter medo, pois queria sentir mais prazer. A resposta foi: "Enquanto tiver medo, você dedicará toda a atenção ao salto".

Um objetivo visualizado tem de oferecer a possibilidade de que o esforço fracasse, pois só assim nos dedicaremos por inteiro à conquista do objetivo desejado.

O medo é próprio dos mortais e é também a matéria-prima da atenção ao nosso propósito. O medo dá a medida da conquista, empresta a uma ação significado pessoal.

A CORAGEM DE FAZER UMA ESCOLHA

A existência da possibilidade de fracasso é um componente do desafio. Portanto, não há desafio sem a possibilidade de fracasso, o que é diferente de uma idealização inatingível.

Como isso deve funcionar na prática? Conforme identificamos os verdadeiros recursos do momento presente para construir o futuro e estabelecemos nossa visualização com as características que já mencionei, o desafio deve permear, durante todo o tempo, o caminho da conquista. Ele não deverá somente fazer parte dessa visualização, desse objetivo, mas também será posto à prova durante o processo de conquista, ou seja, haverá situações que fogem da nossa zona de conforto. Esses momentos devem ser vistos como estímulos às conquistas.

Se durante o processo de busca da realização de um sonho ou objetivo não houver desafios, estaremos apenas cumprindo tarefas.

Se temos em nosso mapa de percurso coisas a fazer para que a visualização se concretize, devo entender que em poucos dias será possível fazer três ou quatro coisas não previstas. Quando abraçamos o conforto, o processo de conquista deixa de ser desafiador. O que levará à otimização do tempo será nossa capacidade de transformar inclusive o processo em pequenos desafios.

A ARTE DE TORNAR UM MOMENTO DESAFIANTE

Recentemente, um empresário amigo meu contou ter passado por uma situação desafiadora. Ele estava se sentindo muito angustiado por ter protelado durante vários dias um telefonema importante. Certo dia, acordou com raiva de si mesmo por perceber como estava protelando suas principais decisões. Tomou uma xícara de café e forjou uma reação. Resolveu enfrentar o que lhe dava medo. Pegou o telefone e, numa ligação de três minutos, resolveu o problema que o angustiava. Foi muito mais simples do que imaginara. Ao resolver um assunto de tamanha complexidade dentro de sua realidade interna, ele reconfigurou a realidade objetiva. Assim, outros problemas que pediam solução naquele mesmo dia poderiam também ser enfrentados a reboque. Como já tinha conseguido resolver a questão mais importante, poderia ter jogado para outro dia as demais, mas decidiu enfrentá-las no mesmo instante. Com isso, meu amigo tornou desafiante aquele momento. Em vez de fugir do desafio, resolveu encará-lo. Assim, também encarou a sensação de desconforto que o angustiava.

Conclusão: em sete dias de trabalho ele resolveu cerca de 50% de um projeto profissional de longa duração por ter encarado e vencido um desafio e por ter enfrentado todos os outros sem protelação. A dica é: devemos transformar cada obstáculo em desafio.

Se conseguir atingir um resultado num momento, e ele já estiver resolvido, encare como desafio acrescentar mais uma ação ou resolver problemas que sejam desdobramentos do primeiro. Automaticamente, o trabalho se dará em regime de progressão geométrica. Algo que costuma levar trinta dias pode ser viabilizado em dez.

Tudo depende de nosso grau de acomodação e de quão desafiante é a situação. Essa atitude permitirá antecipar a resolução dos problemas, e não a protelar. Portanto, é preciso abraçar cada dia como um desafio. Isso trará a vitória sobre os núcleos de desmotivação. Quanto mais prontos estivermos para nos desafiar, mais nos sentiremos vivos e capazes de ir em busca de conquistas.

Na história de Marcelo, fica claro que ele não encarou seus problemas como desafios. Essa atitude o levou a um nível de protelação que potencializou desmotivações e incapacidades – com os resultados que conhecemos.

VENCEU UM DESAFIO? CHAME O PRÓXIMO!

A cada passo que damos, mais nos reabastecemos de potencialidade. Rapidamente saímos de um núcleo de desmotivação e, encarando o que precisa ser feito, podemos resolver situações em cinco minutos. Isso é muito comum em pessoas de sucesso. Se vencem um desafio, chamam o próximo.

Já cheguei a pesar 107 quilos e a ter braços com 47 centímetros de circunferência. Quando comecei a treinar em uma academia, era muito fraquinho. O grande segredo que descobri foi a importância do treino, e não apenas o desejo de ficar forte. O treino exige presença diária na academia, pede disciplina. Havia dias em que acordava cansado e só tinha aquele início de manhã para treinar. Se não fosse naquela hora, não poderia ir mais tarde.

Às vezes, era preciso apenas vencer os dois minutos de tentação de não sair da cama. O desafio era sair da cama, pegar as coisas e descer para a academia. Quando já estava naquele ambiente, o próprio clima acabava me contagiando e me motivando a treinar. Em menos de cinco minutos de treino, já começava a acordar. Em mais dez minutos, pensava: "Que bom que vim treinar!". Ao final de uma hora de exercícios, mais um dia em que mantivera a disciplina. Que satisfação por ter treinado!

A ALEGRIA DE SENTIR O FRIOZINHO NA BARRIGA

Se alguém precisa fazer uma apresentação importante, digamos, em Manaus, poderá lhe ocorrer ao acordar de manhã: "Este dia não acaba mais. Até pegar o avião, ir, chegar lá, já vou estar cansado...". Mas não é verdade. Aquele ser que acabou de acordar é um, que ainda está se aquecendo, encarando o dia. E o que vai fazer a apresentação é outro, aquecido, preparado, ávido para que chegue a hora. Portanto, num dia de trabalho, no que diz respeito a desafios, passaremos por vários seres ou vários estados de espírito que nos ajudarão a superar os desafios propostos.

Quando há desafio? Quando nos sentimos instigados ou toda vez que surgir aquele "friozinho na barriga". É quando sabemos que existe ali um significado importante para nós. É nessa hora que fazemos o melhor que podemos. A situação de desafio é aquela que extrai o melhor de nossa potência. Receio e medo são a matéria-prima da atenção.

Outro aspecto que é preciso abordar é o fato de que a luta tem de fazer parte do dia a dia, e às vezes com estresse, mas o estresse chamado de "bom", aquele que impulsiona.

A acomodação é péssima companheira. Quando somos desafiados, conseguimos contornar os problemas. Se não aceitarmos os desafios, não conseguiremos descobrir meios sobre como iniciar o percurso da conquista. Quem foge dos desafios não constrói nem traz consigo algo chamado inovação.

Ao lidar com pessoas diferenciadas, percebemos que, à medida que conseguem vencer os desafios que se apresentam, mais aprendem e se sentem fortalecidas para enfrentar todo tipo de problema. Por isso, conseguem correr mais riscos e submeter-se a mais desafios do que quaisquer outras, pois aprenderam a vencer, apesar do "friozinho na barriga" que as acompanha. Quanto mais encaramos os desafios, mais nos tornamos capazes de enfrentá-los. Podemos perceber na história de Marcelo que, na realidade, suas preocupações e o frenesi de suas atividades não compunham um desafio real por não fazer parte de um processo de desafios integrados e direcionados a resultados específicos.

A DESMOTIVAÇÃO É PRENÚNCIO DE QUE ALGO MELHOR VIRÁ

Às vezes, a dor é o caminho para a resolução de um problema. Assim, quem foge da dor por estar desmotivado é alguém que está preso a uma mecânica imprópria de funcionamento, que não o deixa vencer. A desmotivação se traduz na quebra do grau de idealização, passível de ocorrer com todos nós. No entanto, a desmotivação é necessária para nos empurrar para a próxima ação.

Quando não nos sentimos bem naturalmente, nasce em nós a necessidade de mudar, de ser e de agir de forma também diferente. Mas não foi o que aconteceu na história de Marcelo.

As pessoas dão importância exagerada à falta de motivação. Em vez de reagir buscando soluções, optam pelos problemas: dão dimensão aos problemas, e não às soluções. O que distingue aqueles que crescem, que se desenvolvem e se tornam pessoas de negócios bem-sucedidas é o fato de terem sempre o foco na solução, e não no problema.

MANUTENÇÃO DO FOCO

No processo de empreender ou desenvolver algo novo, é possível que a diversidade de informações, experiências e objetivos buscados sirva, algumas vezes, para desviar o foco do que desejamos, em vez de facilitar nossa tarefa. Assim, precisamos eleger um único caminho para trilhar, pois, se tivermos várias opções, corremos o risco de perder a referência da própria identidade, isto é, a capacidade de ser reconhecidos por nossas qualidades específicas, bem como do que realmente queremos fazer.

Cabe aqui exemplos de algumas ações militares. As buscas pelo terrorista Osama bin Laden no Afeganistão se iniciaram com poucos homens (cerca de sessenta soldados especiais, apenas, do tipo "boinas-verdes"). São guerreiros diferenciados, treinados para sobreviver em condições hostis, como em desertos ou geleiras. Sozinhos, são capazes de destruir uma cidade inteira ou apenas um homem. Trazem consigo tantos recursos –

armas, munição, instrumentos diversos, sinalizadores, binóculos – que lembram os heróis de filmes de guerra do cinema. São homens de guerra, são guerreiros.

Bem diferente deles foi o herói medieval Robin Hood, que não era guerreiro, mas arqueiro, com poucas flechas para atingir seus alvos. Assim, cada uma que era desferida tinha obrigatoriamente de atingir o alvo, pois produzir outra significava perder tempo e trabalho. O foco, assim, precisava ser mantido a todo custo. Se houvesse alguma possibilidade de errar o alvo, ele não desperdiçaria a flecha.

Nada a ver, portanto, com os guerreiros das forças especiais da atualidade. Estes lembram as grandes empresas, poderosas, que, no entanto, estão agora procurando transformar-se em arqueiro. Os recursos estão cada vez mais escassos, precisam ser racionalizados, padronizados, para definição de mais focos. Não podemos sair por aí atirando em tudo. É preciso eleger um alvo, atingindo-o de forma certeira, um por vez, como fazia Robin Hood.

As pessoas de sucesso sempre procuram dar o tiro certeiro, embora possam dispor de muitos recursos. Então, o que percebo ao me debruçar sobre a personalidade desses indivíduos é sua capacidade de não se apoiar nos grandes arsenais, mas de caprichar na pontaria, estabelecendo um foco, produzindo visualizações e persegui-las, otimizando os recursos necessários para torná-las realidade. Em outras palavras, é preciso aprender a dizer *não* muito mais do que sim.

Com frequência, as pessoas dizem sim para tudo – gastam o que têm, desperdiçam esforços, buscam corrigir seus erros e depois pedem apoio aos demais. Estabelecer foco é eleger apenas um alvo a ser buscado em curto, médio ou longo prazo, mapeando-se da melhor forma os recursos que possuímos e que devem ser gastos com critério.

Acertar o alvo implica ter equilíbrio, usar mais jeito do que força, esperar o momento adequado para lançar a flecha, conter a ansiedade. Na história de Marcelo, a ansiedade se traduziu em perda de foco e de propósitos, gerando atividades desintegradas, sem vinculação umas com as outras.

A PERDA DO FOCO NO MEIO DO CAMINHO

Pense no seguinte: tenho como objetivo falar com Antônio. Vou até a casa dele. Chego e toco a campainha. Ninguém atende. Toco de novo. Nada. Continuo insistindo. Depois de meia hora, fico indignado, mas continuo apertando a campainha. Qual era meu objetivo? Falar com Antônio. E agora? Meu objetivo é ser atendido. Vemos, então, que é comum as pessoas perderem o foco sem perceber, sem saber mais por que estão fazendo determinadas coisas. O foco nada mais é que não perder de vista o ponto aonde devemos chegar.

Devemos, ainda, aprender a eleger um só objetivo por vez. Imaginem que saio de São Paulo, de carro, com destino a Salvador, pensando em visitar muitos outros lugares situados entre o ponto de partida e o ponto de chegada. Se desejar ver tudo o que há no caminho, gastarei mais combustível, meu tempo será encurtado, não descansarei, e assim por diante. Além disso, que prazer sentirei em estar apenas por uma hora em cada uma dessas cidades? Não seria melhor poder descansar vários dias em Salvador, que é o destino projetado da minha viagem? O segredo é manter sempre um foco em mente, sem nos perder na dinâmica do caminho. Senão, vamos agir como os guerrilheiros, gastando todos os recursos, energias, motivação, saúde. Ao chegar ao destino, estaremos cansados.

Há um conceituado psiquiatra, o doutor Hamilton Jair Estanislau, que costuma dizer que existem dois tipos de pessoa: as que sofrem por competência e as que sofrem por incompetência. Quanto à incompetência, o sofrimento é evidente, mas no caso dos competentes o problema é que se tornam vítimas do assédio permanente de inúmeras oportunidades da vida se não souberem eleger um foco. Não percebem que o objetivo, como no exemplo anterior, é falar com Antônio, e não ser atendido. Como Marcelo: com o volume de atividades, esqueceu-se de perguntar por que tudo aquilo. Para onde aquilo o estava levando, o que estava construindo?

O foco produz concentração e resultados. Quando falamos em cirurgia plástica, imediatamente vem à nossa mente o nome de Ivo Pitanguy. Quando falamos em filhos e drogas, o mestre é Içami Tiba. Se escolhemos o conceito de felicidade, o autor lembrado será Roberto Shinyashiki. Esses são profissionais que mantiveram o foco e se tornaram referência nas áreas em que atuam. Isso nos mostra que é essencial eleger um só foco. Para isso, é imprescindível aprender a dizer não.

A manutenção do foco tem a ver, ainda, com nossa capacidade de visualizar soluções, em vez de problemas. Diante de um desafio, muitos são levados a valorizar mais os obstáculos que as facilidades. Assim, o foco se volta para o problema. As pessoas de resultado, em vez disso, têm como característica dar foco às soluções. Pessoas com esse perfil também detectam oportunidades, como se sempre tivessem poucas flechas para trazer para casa a caça de que necessitam.

TROQUE PROBLEMAS POR SOLUÇÕES

Uma história que ilustra bem a situação que estamos descrevendo é a do caçador cuja expectativa era ficar rico e famoso. Ele se entusiasmou, certa vez, ao descobrir na floresta as pegadas de um veado de grande porte que costumava beber água num açude onde o caçador montava guarda. Em dado momento, ele percebeu sinais de que sua caça se aproximava. Lá estava a presa, grande, majestosa, diante dele. O caçador calculou, imediatamente, enquanto fixava a pontaria, tudo o que faria com a sua presa abatida – uma sucessão de cifrões desfilou diante de seus olhos antes de disparar a espingarda.

Com o dinheiro que ganhasse – imaginou –, poderia comprar uma fazenda de gado. Para cuidar do rebanho contrataria peões e conduziria a boiada aos berros. Ao dar um berro, sua caça fugiu imediatamente.

Qual é a mensagem que fica? Em vez de pensar em problemas ou implicações de um projeto lucrativo, tratemos antes de nos assegurar de que ele de fato exista, tomando as iniciativas necessárias para isso.

A manutenção do foco tem a ver com nossa capacidade de nos dar conta do que se apresenta sucessivamente para chegar ao objetivo que desejamos. O que podemos notar na história de Marcelo é algo parecido com o que vimos agora. Os desejos e as idealizações de ser um homem bem-sucedido predominavam sobre ações coordenadas e direcionadas. Ele deveria ter começado por ações necessárias, não por desejos.

O SUCESSO DE NOSSOS TALENTOS NATURAIS

O educador e psicólogo Carl Rogers diz, em seu livro *Sobre o poder pessoal,* que o ser humano naturalmente se inclina por determinada profissão ou ocupação para obter o melhor de si mesmo, quando isso não lhe é permitido pelo meio. Todos somos passíveis de cometer erros, mas sempre procuramos fazer o melhor. Assim, precisamos respeitar nossa natureza ou inclinação natural para o desenvolvimento de algumas funções.

Se sou extrovertido, não devo escolher um trabalho que me obrigue a ficar o dia todo sozinho numa sala, construindo planilhas ou coisas afins. Em determinado momento, minha natureza virá à tona e poderá me desmascarar, produzindo desmotivação. Se sou introvertido, também não me sentirei feliz como um vendedor encarregado de visitar muitos clientes todos os dias. Assim, precisamos nos conhecer, descobrir nossas reais potencialidades, inclinações, o que gostamos de fazer, sem permitir que outros estímulos tomem conta de nossa vida, senão perderemos o foco da conquista. Abracemos o processo e façamos uma coisa por vez para alcançar o resultado que buscamos.

Com base no foco, podemos mapear nossos verdadeiros potenciais, nossa verdadeira inclinação, monitorando a dinâmica do dia a dia para não nos trairmos durante o percurso, lembrando-nos de dizer não. Isso é mais importante do que dizer sim! Enfim, focando soluções, e não problemas. Se Marcelo pudesse se conscientizar dessa necessidade, muitos de seus problemas desapareceriam!

CRIAÇÃO DE MAPAS DE PERCURSO

Entre as características comuns às chamadas pessoas de resultado, encontramos a persistência, o comprometimento, o planejamento das ações e a *capacidade de criar mapas de percurso.*

Ao visualizar um objetivo, a pessoa de "perfil realizador" engata marcha à ré e promove uma volta no tempo. Se eu, por exemplo, convidar você para fazer uma viagem, suas primeiras perguntas serão: Por quê? Para onde? Quando partiremos? Quantos dias ficaremos lá? Que meio de transporte vamos utilizar?

Todas essas perguntas se traduzem no mapeamento do trajeto, no mapa de percurso.

Quando decidimos viajar, elegemos um destino. Para chegar lá, escolhemos um modo de cumprir o percurso. Passamos, então, pelo composto do planejamento, respondendo às cinco perguntas necessárias para o desenvolvimento de um projeto. São elas: O quê? Quando? Onde? Como? Por quê? Essas são indagações inerentes a qualquer forma de planejar.

PLANEJAR É PENSAR ANTES DE FAZER

Na aprendizagem, temos a cognição, isto é, a organização do aprendizado de forma coerente para nós. Marcelo, como vimos, em nenhum momento mostrou ter se prontificado a estudar, construir, mapear, anotar as ações ou o que tivesse de ser feito prévia e prioritariamente.

Quando elegemos algo a ser feito, devemos dar-lhe uma estrutura cognitiva que faça sentido, que organize e sistematize o caminho rumo a um objetivo maior. Construir mapas de percurso é inibir a improvisação.

Vamos visualizar cinco anos à frente. Agora engatemos uma marcha à ré: o que faremos no quarto ano, depois no terceiro ano, no segundo e no primeiro?

Conheci um empresário que vivia, em determinada fase da vida, uma situação bastante delicada, pois tinha 77 títulos protestados. Cansado da situação, propôs-se eliminar esse peso de sua vida no prazo de um ano. No momento em que tomou essa decisão e definiu como faria, deu marcha à ré, escolheu quais seriam os primeiros pagamentos, quanto pagaria de juros etc. Em menos de oito meses, ficou "limpo", sem dívidas e sem protestos. Bastou que definisse concretamente os meios de chegar ao objetivo, e ele o atingiu com muito mais facilidade do que poderia pensar. O planejamento nada mais é do que a elaboração de mapas de percurso construídos por meio de planos de ação.

ESTABELEÇA UM PLANO DE AÇÃO

Ao lidar com programas de vários níveis nessa área, costumo deixar de lado termos grandiosos como planejamento e mapas de percurso e os chamo apenas de planos de ação.

Quando definimos alguns objetivos de longo prazo, engatamos a "marcha à ré", nós nos organizamos para passar pelas etapas inevitáveis do percurso, descobrimos as ações que vão otimizar nossos recursos para atingir as pequenas metas que compõem o objetivo final do caminho. Cria-se uma sinergia, um diferencial de condução, como num plano de voo no qual o desvio de um único grau no mapa de percurso pode fazer enorme diferença.

UM PLANO DE AÇÃO JÁ É O INÍCIO E A COBRANÇA DE QUE O PENSADO SEJA POSTO EM PRÁTICA

Não é preciso, porém, recorrer a nenhuma magia nem a uma ação sobrenatural para que isso aconteça. É um trabalho quase matemático. Ao eleger nosso objetivo, dizendo não a outras coisas, aprendemos a identificar o que precisa acontecer. Se resolvemos comprar um automóvel vermelho, temos a impressão de que naquela semana as montadoras apenas produziram carros dessa cor. Quando estipulamos um foco e criamos os mapas de percurso ou os planos de ação, aprendemos a notar ao longo do caminho aquilo que realmente nos interessa. Deixamos de lado a "perfumaria", o supérfluo, e damos atenção às prioridades. Um bom mapa de percurso constrói planos de ação que oferecem saídas instantâneas para as surpresas que surgem no caminho que escolhemos.

Ao construir mapas de percurso, é importante também escrever as etapas que pretendemos percorrer. Certa vez me dispus a preencher um teste publicado numa revista para executivos que pedia que o leitor apontasse os três motivos pelos quais se considerava importante para o seu negócio.

A princípio, o teste me pareceu fácil demais, mas percebi que o importante era escrever.

O primeiro motivo foi escrito sem dificuldade. Ao escrever o segundo, vi que estava repetindo o que tinha escrito anteriormente, mas de outra maneira. Fiz e refiz o segundo texto várias vezes. Percebi, então, que o ato de escrever impede a ação da idealização. Os mapas de percurso e os planos de ação devem passar pela prova da escrita, na qual externamos os objetivos e as etapas a serem vencidas, para que possamos "caminhar pelo plano" sem nos perder.

Tenho um amigo que se dispôs a acompanhar, certa vez, um grupo de 25 adolescentes, com idade entre 13 e 17 anos, a um acampamento na Serra da Mantiqueira, nas cercanias de São Paulo. O objetivo era levá-los a um dos picos da região, do qual se pudesse ter a vista de todas as cidades do Vale do Paraíba, no interior do estado. Como havia adolescentes de várias idades e níveis de aptidão, foi preciso planejar o percurso passo a passo. Não seria possível programar o retorno à noite, o que obrigaria o grupo a dormir ali. Qual era o objetivo? Chegar ao alto da montanha. Qual seria o tempo disponível para a caminhada? Estipularam doze horas de subida. O que iriam comer? De quanto em quanto tempo? Qual era a quantidade de água necessária?

Cada um levaria um *kit* com as provisões calculadas para as diversas etapas da jornada, até o pernoite na montanha, quando prepararim uma sopa, que seria a penúltima refeição do grupo antes do café da manhã, horas depois.

Escrevendo qual seria o cardápio das seis refeições, como dividiriam os grupos segundo a capacidade de carregar maior ou menor peso, que grupo iria à frente, qual seria o melhor horário para as refeições, não deixaram nada de fora. O único senão foi o aparecimento de uma cobra, o que divertiu muito o grupo. Enfim, a excursão coordenada por meu amigo foi um sucesso. Entre as coisas interessantes que os jovens aprenderam, estavam a possibilidade e a chance de planejar, mesmo que fosse apenas uma aventura simples.

Percebo que às vezes estipulamos planejamentos muito rígidos. Uma das coisas trabalhadas pelos agentes que desenvolvem a orientação para resultados é o hábito de utilizar listas escritas a lápis – nunca à caneta – para facilitar as correções. Há uma boa frase que reza: mais vale o menor dos lápis que a maior das memórias.

Construindo mapas de percurso, teremos condição de não nos enganar, mantendo nosso foco, apesar das flexibilizações.

Costumo propor a executivos que me procuram que elaborem três cenários, três alternativas de plano, três mapas de percurso para sua ação. Um pode retratar a situação ideal, outro deve ser mais realista e o terceiro precisa contemplar a hipótese menos favorável. É importante contrariar a cultura do não planejamento, esforçando-nos sempre para construir planos de ação, em vez de insistir na improvisação. Quando criamos mapas de percurso, cuidamos melhor do momento presente, baixamos o nível de ansiedade com relação ao futuro, deixamos de lado o "fazejamento" e nos beneficiamos, afinal, do futuro programado pelo planejamento.

No caso de Marcelo, a ansiedade e a capacidade de pensar com mais clareza no que fazia só poderiam ser melhoradas com um plano de ação e o monitoramento constante.

EXPECTÂNCIA E *DRIVE*: OS OUTROS SÃO A GARANTIA DE QUE VOCÊ FARÁ O QUE PROMETEU

Há três pontos essenciais no desenvolvimento dos adultos. O primeiro é: todo tipo de método comportamental para adultos deve se apoiar na experimentação. O ensino, apenas, não basta para mudar o comportamento. É preciso que o adulto tenha a visão da experiência para saber como atuar em situações análogas.

Outra questão considerada importante é que o adulto compreenda o problema posto diante dele para poder alterar seu padrão de comportamento. E, por último, utilizamos uma palavra nova para definir um tipo de comportamento, chamando-o de *expectância,* isto é, o agente de treinamento deve alimentar expectativas no grupo sobre o desenvolvimento de determinado trabalho, mantendo essa expectativa e honrando tudo o que foi prometido desde o primeiro encontro que tiveram. Agindo assim, ele dá provas de que pode tornar realidade, tornando concreto e visível para o grupo, aquilo que havia prometido.

Expectância, portanto, é a capacidade que temos de gerar expectativas nas pessoas e mantê-las, custe o que custar. É como se eu elegesse meus propósitos e desenhasse mapas de percurso monitorando meu itinerário para evitar trair-me durante a caminhada. Não podemos nos perder no meio do caminho, e é importante que tudo aquilo que construímos se mantenha. É a única forma de fazer com que as outras pessoas se envolvam e criem um vínculo de confiança conosco.

A responsabilidade de monitorar a expectância durante todo o tempo é nossa. E é intransferível. Expectância e propósito são palavras que caminham sempre juntas – uma não avança sem a outra. Se cortarmos uma moeda ao meio, teremos nas mãos dois objetos sem valor. Assim, expectância e propósito são os dois lados de uma moeda e só valem se estiverem juntos. Um deve manter o outro sempre vivo e vibrante. São simbióticos.

A visualização nada mais é que a chegada ao propósito. E o propósito é aquilo que queremos para nossa vida. É a capacidade que temos de enxergar o que dirige nossos passos. Alguns possuem o propósito de manutenção de uma família, de conseguir uma qualidade de vida melhor, de enriquecer, de construir um patrimônio etc. Não importa qual seja o propósito. Se cada passo que dermos estiver alinhado ao propósito que temos, um dia chegaremos lá. A expectância é a capacidade de sustentar durante o percurso a energia que nos levará ao nosso propósito. Em algum momento, a expectância e o propósito se confundem com a visualização, com o mapa de percurso ou com a manutenção do foco. Até o final deste livro veremos que, na verdade, esses princípios formam um emaranhado de elementos que atuam apoiando-se uns nos outros.

Ao atingir seu propósito, o indivíduo adquire a serenidade e a consciência do dever cumprido, que tem, na frase clássica do general Júlio César, a melhor definição desse estado de espírito: "Vim, vi e venci!".

Você pode estar se perguntando por que estamos insistindo nesses conceitos? É que muitas pessoas perdem o propósito durante a caminhada, como vimos na história de Marcelo. Agem por agir, apenas, sem um objetivo. O propósito deve ser sempre mantido.

ESTABELEÇA PRIORIDADES

Uma vez estabelecida a visualização do que gostaria de fazer, pensei na maneira de realizar esse trabalho. A área de treinamento seria uma delas; a psicoterapia poderia ser outra; o direcionamento comportamental para realizadores outra ainda; mas faltava alguma coisa. Queria eu mesmo empreender algo, como abrir uma confecção.

Coloquei tudo isso diante de mim e me perguntei: "Qual é o meu propósito de vida?". A resposta veio rapidamente: 1º) manter minha família; 2º) empreender com sucesso; e 3º) orientar pessoas para resultados.

A DURA FIDELIDADE À EXPECTÂNCIA

Pode-se perguntar qual é a diferença entre expectância e teimosia. A primeira, para sobreviver, exige flexibilidade de quem a pratica. A teimosia é, por natureza, rígida, inflexível e nada criativa. A expectância adapta-se às mudanças do ambiente e encontra sempre uma maneira de se manter viva, atuando de forma diferente. Lembre que a melhor resposta está sempre no caminho, e não na decisão, e que devemos ser flexíveis para chegar a nosso propósito. Um desvio no caminho nos levará, fatalmente, a um destino diferente do planejado. Foi o que aconteceu a Marcelo, como vimos em sua história.

É preciso monitorar nossa expectância, dizendo às pessoas e a nós mesmos o que queremos, enfatizando para os que trabalham conosco qual é nosso objetivo com determinado projeto. Assim, estaremos monitorando a trajetória de cada trabalho. Ela, portanto, é o monitoramento do modo como é conduzida a construção de determinado propósito.

Uma vez eleito o meu objetivo, é importante comunicar às pessoas, inclusive, para ser cobrado por elas. A expectância exige elevado grau de compromisso com nossas metas e nossos objetivos. E as outras pessoas funcionam como um auxílio importante na manutenção dela, estimulando sempre o compromisso que firmamos com o mundo externo e também com o interno. Assim, a expectância é um dos pontos-chave do comportamento das pessoas de sucesso. Elas nunca perdem de vista o caminho, por isso conseguem dizer "não" sem entrar em conflito. Já para Marcelo, dizer "não" e escolher era extremamente difícil.

O IRRESISTÍVEL APELO DA PROTELAÇÃO

O ser humano tem uma característica, em sua natureza, que a ciência chama de homeostase – a capacidade do corpo de manter um equilíbrio estável a despeito das alterações exteriores. É um princípio que nos permite manter aspectos que promovem nosso equilíbrio. Nós o utilizamos para buscar, direta ou indiretamente, sensações de bem-estar, como nos sentir limpos, bem alimentados e descansados. Essa natureza mexe com nossa psique e nos leva a buscar situações de acomodação.

Um dos principais problemas do ser humano é a convivência com a protelação. Se precisamos realizar algo que deve ser entregue no dia seguinte, e se há uma pequena possibilidade de protelação, sempre vamos preferir a segunda hipótese. Devemos, portanto, lutar contra esse princípio presente em nosso psiquismo, que nos leva a procurar instintivamente o conforto. Quando almejamos obter determinado resultado, é preciso abraçar o desconforto.

Numa sexta-feira, uma indústria de massas voltada para os públicos C e D pegou fogo, isto é, 70% de seu parque industrial se incendiou: máquinas, matéria-prima perdida, enfim, houve prejuízos consideráveis. Um de seus proprietários pôs o sócio para cuidar do seguro e varou as três noites seguintes negociando com os concorrentes. Na outra semana, não deixou de atender a um só pedido que estava pendente. A maioria teria todo o álibi para dizer: "Cliente, minha fábrica pegou fogo, entenda que vou precisar cancelar a entrega do seu pedido por alguns dias". No entanto, vê-se nesse caso a diferença entre a acomodação e a protelação rotineiras de algumas pessoas e a atitude de outras que obtêm sucesso porque sabem da necessidade de encarar o desconforto em determinados momentos. Ou seja: "Cresce quem foge do conforto".

DRIVE: VENCE QUEM SABE TIRAR O MELHOR PROVEITO DO DESPRAZER

Em inglês, *drive* tem vários significados, segundo o dicionário *Merriam-Webster*: "1) colocar em movimento na direção desejada; 2) puxar energicamente; 3) empurrar; 4) pôr ou manter em movimento ou funcionamento; 5) operar os mecanismos e controles, dirigindo o curso de um veículo; 6) exercer pressão inescapável ou coercitiva". No entanto, além das definições dicionarizadas, podemos entender *drive* como proatividade, iniciativa, manutenção da expectância, manutenção do propósito, persistência, flexibilização. É, enfim, dirigir a energia para o que precisa ser feito, e não para o que eventualmente se gosta de fazer.

Fazer só o que nos dá prazer é de fato muito agradável, embora um tanto utópico. Mesmo quando acertamos na escolha do trabalho que realizamos, seguindo nossa vocação, sempre haverá momentos e assuntos que nos causarão desprazer e contrariedade. O desprazer faz parte da vida. É ele que determina, em todo o reino animal, a busca pelo prazer. Precisamos nos apoderar dessa condição para entender que nem tudo contém prazer. É compreensível, no processo de conquista, procurarmos a predominância dos estados de prazer. Por isso, ao ouvir alguém dizer "eu sou feliz!", sabemos que "ser feliz" não existe, o que existe são momentos de felicidade.

Alguém com sensibilidade refinada já definiu essa situação da seguinte maneira: "Estar feliz é tirar uma nota 10 no paraíso, é experimentar mais momentos de plenitude".

No entanto, muita gente desconhece o que isso pode significar. É quase como se tivéssemos de voltar à adolescência para reviver a maravilha de "tirar uma nota 10 no paraíso".

Por que estamos dizendo tudo isso? Porque, na busca utópica, prazerosa e mentirosa da tal felicidade-perene, muitos perdem a manutenção do *drive,* da capacidade de dirigir seu destino. A capacidade que alguém tem de conquistar algo está diretamente ligada não só a fazer aquilo de que gosta, pois isso é fácil, mas a aceitar fazer coisas desagradáveis, quando necessário.

Demitir colaboradores, por exemplo, é terrível, mas precisa ser feito, em caso de necessidade, por quem aceitou exercer o cargo a que compete essa atribuição. Relembro aqui a história já contada do empreendedor cuja empresa se incendiou e mesmo assim ele não deixou de atender aos pedidos que tinha em carteira. Isso é *drive*.

Um bom exemplo de *drive* vem da Grã-Bretanha durante os negros dias de junho de 1940. Winston Churchill, primeiro-ministro inglês, voou até a sede temporária do governo francês, em Tours, e se esforçou para incentivar seus hesitantes aliados a continuar na resistência contra o holocausto nazista; mas todo o seu empenho foi infrutífero. O exército francês tinha praticamente deixado de existir, o governo estava à beira do colapso, e o futuro parecia desesperado.

Retornando à Inglaterra, Churchill relatou a seu gabinete a gravidade da situação. Não abrandou o quadro, mas concluiu com as memoráveis palavras: "Nós agora enfrentaremos a Alemanha completamente isolados. Estamos sós". Em seguida, olhando desafiadoramente ao redor, acrescentou: "Mas para mim isso é até inspirador!". Sua coragem diante de avassaladoras desvantagens e da derrota quase certa foi contagiante. Galvanizou o povo britânico, levando-o à ação e, como todos sabemos, também à vitória final.

Dessa forma, a manutenção do *drive*, nas condições mais difíceis, é o que faz a diferença. Isso é muito importante porque o *drive* se perde com facilidade, atropelado pelo estado de espírito de cada dia, que pode nos afastar do que precisa ser feito. Ter *drive* é contrariar nosso afeto, nossas escolhas naturais; é, se necessário, fugir da rotina, daquilo que estamos acostumados a fazer no nosso dia a dia. É sair da zona de conforto.

Sabe-se, também, que o *drive* pode ser estimulado por uma atitude interna descrita por uma teoria chamada lócus de controle interno, ou *internalidade*. Diversos autores estudaram a diferença entre indivíduos que criam a própria autonomia, isto é, existem, para o psicólogo social americano Julian Rotter, apenas dois tipos de pessoa: as que se estimulam por lócus externo e as que se motivam por lócus interno. O que é isso? As pessoas atraídas pelo lócus externo acreditam que o mundo as ajudará a conseguir o que desejam. Acreditam na sorte, no destino, na ajuda de terceiros, na interferência de aspectos externos em seu sucesso, enfim.

O inverso acontece com as pessoas que se movem pelo lócus interno. Elas se perguntam o que podem fazer por si próprias para obter determinado resultado. Se algo dá errado num projeto de que uma pessoa participa, ela não perde tempo acusando nem este nem aquele elemento. Ao contrário, cria um jeito de resolver a situação. Quem culpa os outros pelo que acontece perde a oportunidade de aprender como se aperfeiçoar, como se tornar mais capaz e mais eficiente. Quem se julga vítima das circunstâncias – e, portanto, de algo que nada tem a ver consigo mesmo – não cresce. A vítima não evolui, não melhora. Ela estaciona!

É bem conhecida a anedota do herói Zorro, cujo companheiro era um índio chamado Tonto. Pois vinham Zorro e Tonto cavalgando devagar pelo Monument Valley, no Arizona, cheio de desfiladeiros e grandes rochas. Observando a paisagem, Zorro percebeu que à direita havia centenas de índios escondidos atrás das rochas, prontos para atacar. À esquerda, outros tantos índios preparavam-se para fazer o mesmo. Zorro, então, virou-se discretamente para Tonto e disse: "Amigo, a gente vai ter de correr muito para escapar deles". E Tonto, muito tranquilamente, perguntou a Zorro: "A gente quem, cara-pálida?".

Moral da história: cuide do que é seu, pois do que é meu eu trato. Transpondo-se a situação para o estudo que estamos fazendo sobre lócus externo e interno, fica a recomendação: não seja como Zorro, em vez disso, aja como o amigo dele, Tonto. Não se apoie em terceiros, determine seu próprio *drive*, pergunte-se sempre o que é preciso ser feito e como contribuir pessoalmente para fazê-lo. Por fim, não faça como Marcelo, que esperava que algo mágico o tirasse das situações sem que precisasse cumprir sua parte.

TOLERÂNCIA À AMBIVALÊNCIA E À INCERTEZA

Thomas Edison dizia que o sucesso é composto de 99% de transpiração e de 1% de inspiração. Uma vez lhe perguntaram como se sentia depois de ter fracassado cerca de 2 mil vezes antes de produzir a lâmpada elétrica. Ele respondeu: "Eu não fracassei, mas descobri cerca de 2 mil vezes como não produzir uma lâmpada elétrica". Portanto, errar é muitas vezes a única solução para quem quer experimentar o sucesso. Isso serve para nos lembrar de que nem tudo dá certo na carreira de uma pessoa de sucesso. Aliás, ao longo do tempo, há com certeza muito mais erros que acertos na carreira de qualquer pessoa, bem-sucedida ou não.

Um dos segredos do sucesso é não temer a ambivalência, a incerteza e o erro. O medo de que alguma coisa dê errado inibe nossa capacidade de nos colocar em situação de risco, por isso não aprendemos. Como Marcelo tinha medo de errar, podemos entender que o medo é necessário para fazermos bem tudo o que temos pela frente. Se não, faríamos de qualquer jeito como Marcelo: apenas abrindo coisas sem se preocupar e sem ter muita atenção.

Outro traço característico das pessoas de resultado é não esperar que a receita do sucesso fique pronta. Desde o início da concretização de um plano de ação, será necessário passar por algumas flexibilizações. Um erro pode ser corrigido quando se muda a estratégia, ousando, desafiando-se, aprendendo a elaborar a melhor receita para chegar aonde se quer durante o processo.

O medo de errar nos leva diretamente ao insucesso, pois o mundo se baseia no conhecimento operacional, comprovado pelo "como funciona". Na verdade, devemos encarar o erro como parte do processo de conquista, deixando a perfeição para a esfera divina. Vencer os erros é o que deve nos motivar, e não apenas acertar. Já imaginaram que falta de motivação teríamos se só acertássemos? Portanto, ter medo de errar é ter medo de conquistar. Se me escondo do fracasso, estou me escondendo também do sucesso.

Tenho um amigo que, em determinado período da vida, praticou remo. Ele me disse que encontrou certa vez um jovem que se exercitava na mesma raia em que ele costumava praticar e na qual participava de competições. O estilo, o porte e a velocidade que o jovem conseguia desenvolver o impressionaram. Pensou que ali estava um campeão. Então lhe perguntou, quando teve a oportunidade, se ele alguma vez tinha perdido uma competição. O jovem respondeu sem hesitar: "Nunca perdi uma prova". Meu amigo fez a seguinte pergunta: "De quantas competições você já participou?". E ele: "De nenhuma, jamais quis competir com outros remadores".

O importante na tolerância à ambivalência e à incerteza é saber que tudo aquilo que vamos provocar, desenvolver e fazer tem a possibilidade de dar errado. Se der errado, aprenderemos com esse erro, nunca devemos nos paralisar pelo medo de errar.

Ter tolerância à ambivalência e à incerteza é compreender que o erro só nos fortalece e nos beneficia. Costumo dizer que errar é mais importante que acertar: foi graças ao erro que pudemos admirar as mentes brilhantes de personalidades como Isaac Newton, Albert Einstein, Santos Dumont, Galileu e tantos outros: todos erraram muito.

O BICHO É SEMPRE MENOR DO QUE PENSAMOS

O que é angústia? É algo que nos atormenta sem que consigamos definir exatamente o que seja. O que é ansiedade? É um sofrimento terrível, mas fácil de localizar. Se alguém precisa dar uma palestra para 4 mil pessoas e é sua primeira vez diante de uma plateia tão numerosa, isso o deixa ansioso, ou seja, é possível saber o que o aterroriza. Já a angústia, segundo uma das correntes da Psicologia, situa-se no passado remoto, nos nossos seis ou oito primeiros anos de vida, num momento determinado de uma das fases do desenvolvimento da psique.

Se a pessoa se sente angustiada diante de qualquer reunião, é possível que isso ocorra porque talvez lá atrás, por exemplo, toda vez que ia mostrar algo ao pai ou à mãe, recebia deles um comentário negativo. Se o momento desse desconforto se deu durante determinada fase da primeira infância, por exemplo, a perspectiva de ter de falar em uma reunião já será causa de angústia.

E as ansiedades? Mostram-se por meio de mecanismos ou rituais que estabelecemos para lidar com uma angústia que não localizamos. Podem ser o que leva as pessoas aos vícios de jogo, álcool, drogas, sexo, aos escapismos de todo tipo e à inconsciência dos valores maiores da vida, trocados por compulsões que nada resolvem.

Não alimente o bicho. Sentir angústia e ansiedade faz parte de nossa natureza. No final, esse bicho se mostrará bem menor do que pensamos. Pode parecer lugar-comum, mas se algo não deu certo é porque ainda não chegamos ao final. Podemos perceber na história de Marcelo quanto alguns bichos que o assombraram durante a vida ganharam tamanho exagerado, pois foram alimentados e acabaram causando severos estragos. Lembre-se: sempre há uma possibilidade de retomada.

Precisamos apenas identificar o que deve ser consertado ou redirecionado. Assim, minimizaremos ansiedades, angústias e problemas fisiológicos à medida que entendermos que algumas coisas também podem dar errado, mas são passíveis de aperfeiçoamento.

SEJA CONDESCENDENTE CONSIGO MESMO

As pessoas de sucesso são aquelas que sempre tiveram de arriscar para acertar. Portanto, devemos encontrar formas de nos recompensar sem culpa. É preciso nos presentearmos pelo sacrifício feito durante o processo de conquista, desde que se tenha realizado o objetivo. É certo que existe uma tendência no animal racional a não querer presentear-se por julgar não ser o momento, não ser prudente dar-se algo, não merecer ainda o prêmio, e assim por diante. Sentimos culpa quando nos presenteamos.

Aqui quero compartilhar com o que mais chamou minha atenção no início dos meus estudos sobre homens realizadores. O pensador David C. McClelland – reconhecido na área da Psicologia e responsável pela apresentação da tese das bases motivacionais das pessoas – iniciou seus estudos mapeando o que foi chamado de *constructus* da motivação para a realização.

Como psicólogo social, ele buscava entender a razão pela qual algumas comunidades prosperavam mais que outras. Mapeando essas comunidades, ele percebeu diferenças marcantes no sistema educacional empregado. Resolveu estudar que estímulos eram dados às crianças pelos chamados grupos primários, ou famílias. Viu, então, que precisava estudar as mães dessas sociedades e o que elas transmitiam aos filhos no processo educacional, em *janelas de predisposição*.

Para entender essa expressão, imagine que temos diante de nós um painel com sete janelas coloridas, cada uma de uma cor. Existem momentos em nossa vida em que a janela azul, por exemplo, está aberta. Se jogarmos no painel tinta azul, ela entrará na janela azul, e não em outra. Se jogarmos tinta amarela na janela azul, sujaremos essa janela. Assim, existem momentos na vida que são próprios para certas atividades, como estudar línguas, dançar, aprender algum esporte. Depois, abre-se uma janela de outra cor, determinando novas atividades a serem desenvolvidas e experimentadas. São essas janelas de predisposição, segundo o psicólogo, que fazem a diferença nas comunidades.

Ele montou o que se denominou o primeiro *constructus* – ou aquilo que leva à construção de uma base de motivação das pessoas para realizar coisas no mundo. Possuímos algumas motivações básicas, segundo David McClelland: a de realização, a de poder e a de afiliação carregam alguns focos de importância para o meio empresarial. Esses canais de motivação podem ser mais ou menos estimulados, segundo a educação recebida, determinando um perfil futuro predominante na criança, que assim poderá se tornar um adulto realizador no primeiro caso, um político, um escritor ou alguém que almeja certo grau de representatividade para a sociedade, se a motivação for de poder, ou alguém cuja energia se volta para causas coletivas visando ao bem comum, se a motivação for de afiliação.

McClelland verificou que a expectativa do grupo de mães católicas, por exemplo, era de que seus filhos, aos 7 anos, fossem obedientes, educados, simpáticos e respeitassem os mais velhos. No grupo de mães protestantes, as expectativas eram de que as crianças soubessem fazer compras, conferir o troco, transmitir bem um recado. Ele notou, enfim, que os *constructus* das mães tinham uma carga ideológica. O que chamava a atenção na comunidade católica era o fato de que tudo o que se relacionasse a resultados e finanças trazia embutida uma noção de culpa, como se Deus não pudesse permitir o acúmulo de riquezas. O foco da educação estava longe dos bens materiais e se voltava para o respeito, as boas maneiras, a obediência etc. Já para os protestantes, ter prosperidade era ganhar "pontos" no céu, porque isso gera riqueza e bem-estar para todos. McClelland teve o mérito de perceber que os indivíduos são construídos pelas expectativas que suas famílias têm com relação a eles, além da contribuição da cultura e da ideologia reinantes. Logo, para os protestantes, realizar coisas e construir impérios dá "pontos" no céu porque gera riquezas, alimento, empregos etc. Numa cultura que tanto valoriza a realização, a prosperidade torna-se uma consequência natural.

Fica fácil, portanto, perceber por que Inglaterra e Estados Unidos se elevaram a potências hegemônicas nos últimos trezentos anos, enquanto países europeus e de colonização hispânica ou portuguesa mais antigos e tão ou mais dotados de recursos naturais e humanos têm de se conformar em desempenhar papéis mais modestos no cenário internacional.

Faço uma reflexão sobre o papel terrível da culpa, que penaliza a busca da riqueza e impede o legítimo direito que temos de nos presentear em certas sociedades em que predomina o catolicismo. É como se apenas o sofrimento, a privação e a dor pudessem prevalecer no "calvário" do trabalho. Recompensa e prazer não teriam lugar ali! Essa é, na minha opinião, uma visão equivocada de Deus, que obviamente deseja a nossa felicidade. As ideologias, sim, disseminam a culpa, o não se apoderar do que foi tão buscado e conquistado com esforço.

AUTORREFORÇO PARA AUTOESTIMA

Noto que as pessoas que constroem impérios estão sempre se autorreforçando, lidando com a culpa de forma diferente dos demais. O que acontece com a quase totalidade dos indivíduos é que eles não têm consciência de que o autorreforço é tão importante quanto a conquista.

Quando nos premiamos, nossa natureza instintiva registra, de alguma forma, que valeu a pena todo o esforço feito para chegar ali. Inversamente, quando nenhum sacrifício é recompensado pelo autorreforço, nossa natureza passa a registrar o trabalho como algo que, de fato, só causa sofrimento. Portanto, a cada empreitada vencida, realização concreta alcançada ou desafio superado, devemos nos autorreforçar. O presente não precisa ter valor monetário. Ele deve ser realmente um "presente", que poderá ser um jantar com amigos, um objeto que você queria, entre tantas coisas. O que importa é a pessoa ter assimilado que a importância do trabalho não está tanto no resultado dele, mas em se autorreforçar depois de ter passado pelo esforço do dever cumprido.

Escolha com antecedência seu prêmio e planeje como saboreá-lo com a consciência de que esse é o ponto mais alto da montanha que você pretende escalar. Porque uma coisa é certa: ou você rouba da vida ou ela acaba roubando você. Quando só pensamos no dever, é a vida que está "dando as cartas", determinando tudo, inclusive o prazer e o desprazer. Contudo, quando a "roubamos" antes, ela perde essa possibilidade e – pelo menos nessa vez – podemos ganhar dela.

O fato é que a vida é feita de pendências. Nada nunca termina nem está suficientemente bom. Com certeza, na hora da morte, o que virá à nossa consciência será o sentido de que o melhor da vida foi ter cuidado da família, ter convivido com amigos, ter viajado, ter amado e recebido o amor das pessoas. O que se deixou de fazer já não interessa. Por isso, quem se contentar com menos e não procurar premiar-se não conseguirá ter o sentimento de prosperidade, que é ganhar um "ponto" no céu.

Aos meus olhos, o que notei nessas "personalidades prósperas" é que o fato de conquistar, ganhar e recompensar-se faz parte da necessidade da natureza humana de continuar a viver. A matéria-prima da felicidade é a capacidade que temos de reconhecer nosso esforço de algum modo. Nossa autoestima só se afirma quando sentimos que nossos desejos podem se materializar. Só então percebemos que ficamos melhores, que crescemos e obtivemos uma recompensa por isso.

Faça o teste a seguir e descubra, efetivamente, quais são os seus traços empreendedores. Seja verdadeiro nas respostas.

QUESTIONÁRIO DE AUTOAVALIAÇÃO PARA MAPEAMENTO DE TRAÇOS EMPREENDEDORES

Instruções

1. Este questionário contém 40 declarações. Leia cada uma e decida qual delas melhor descreve você. Seja honesto consigo mesmo. O questionário tem o objetivo de ajudá-lo em seu desenvolvimento pessoal.
2. Escolha um número que melhor descreva suas crenças, valores, conduta etc.

   0 – Não sei. Nunca pensei sobre isso
   1 – Nunca
   2 – Raras vezes
   3 – Algumas vezes
   4 – Muitas vezes
   5 – Sempre

3. Anote o número escolhido no espaço indicado de cada declaração, conforme o exemplo abaixo:

   (3) Não me permito pensar no futuro com o obscuro e difuso.

A pessoa considerou que "algumas vezes" descreve melhor a situação para ela e, portanto, escreveu o número 3.

4. Não pule nenhum item. Responda a todos.
5. FIQUE ATENTO! Algumas declarações são negações.

1. (   ) Não me permito pensar no futuro como obscuro e difuso.

2. (   ) Considero minhas possibilidades de êxito ou fracasso antes de começar a atuar.

3. (   ) No negócio, dedico tanto tempo a pensar em como fazê-lo crescer quanto a resolver problemas do cotidiano.

4. (   ) Planejo um trabalho grande dividindo-o em partes menores com prazos determinados e responsáveis.

5. (   ) Posso tornar meu sonho comum com as outras pessoas, contando isso de uma maneira que os estimule a apoiar-me.

6. (   ) Não me importo de trabalhar sob condições de incerteza desde que haja uma probabilidade razoável de obter ganhos para mim.

7. (   ) Acredito que barreiras e problemas podem ser transformados em oportunidades a serem exploradas.

8. (   ) Escuto atentamente, por mais simples que seja a pessoa que esteja falando.

9. (   ) Com tantas mudanças é impossível prever o futuro. Prefiro improvisar à medida que os problemas surgem.

10. (   ) Considero que um risco vale a pena ser corrido se a probabilidade de sucesso for de 70 a 80%.

11. (   ) Quando enfrento um problema difícil, dedico grande quantidade de tempo para encontrar uma solução.

12. (   ) Meus resultados são facilmente monitorados porque os quantifico.

13. (   ) Não me entrego facilmente, mesmo em frente a dificuldades e obstáculos.

14. (   ) Tenho dificuldade de ser afirmativo contra a opinião da maioria.

15. (   ) Sinto confiança de que terei sucesso em qualquer atividade que me disponha a fazer.

16. (   ) Reconheço que fracassei no passado.

17. (   ) Eu tenho uma visão clara e específica do futuro do meu negócio.

18. (   ) Não gasto tempo nem dinheiro fazendo "pesquisa de mercado". Se o produto vende, eu continuo produzindo.

19. (   ) Eu analiso com cuidado qual a forma correta de executar as tarefas.

20. (   ) Reviso constantemente meus planos visando alcançar os resultados almejados.

21. (   ) Trabalho várias horas e faço sacrifícios pessoais para concluir minhas tarefas no prazo exigido.

22. (   ) Preparo-me para os problemas antes que eles surjam.

23. (   ) Fracassos desencorajam-me.

24. (   ) Fico muito aborrecido quando não consigo o que quero.

25. (   ) Para alcançar minhas metas, procuro soluções que beneficiem todas as pessoas envolvidas em um problema.

26. (   ) Quando começo um trabalho ou projeto, reúno toda informação possível.

27. (   ) Quando falho num objetivo, imediatamente direciono minha atenção para outro objetivo.

28. (   ) Regularmente verifico a que distância estou de alcançar os resultados que determinei.

29. (   ) Se meu negócio fracassa, eu não tomo isso como um fracasso pessoal.

30. (   ) Não consigo esperar e ver as coisas acontecerem; prefiro fazê-las acontecer.

31. (   ) Não avalio o trabalho pelo pagamento que recebo, mas pela satisfação e sentido de realização que eu tenho.

32. (   ) Obter vantagens de outras pessoas é necessário para o negócio.

33. (   ) Reflito sobre meus pontos fortes e como usá-los melhor.

34. (   ) Tenho registros detalhados sobre todas as operações do meu negócio.

35. (   ) Quando faço algo, eu me certifico para que não seja apenas feito, mas que o seja da melhor maneira possível.

36. (   ) Acho que não é necessário ser sistemático e racional a respeito do planejamento, desde que se tenha a vontade/desejo de fazer o que se quer fazer.

37. (   ) Sou eu, não a sorte ou o destino, quem influencia o surgimento dos eventos na minha vida.

38. (   ) Uma vez que eu inicie uma tarefa, geralmente vou até conseguir completá-la.

39. (   ) Quando o conhecimento, a experiência e o treinamento do negócio que tenho em vista não são o suficiente, eu ajo para me fortalecer.

40. (   ) Para mim, é fácil admitir quando não sei algo.

FOLHA DE AVALIAÇÃO

- Abaixo, anote as respostas do questionário sobre as linhas acima dos números que se referem a cada declaração.

- Observe que os números das declarações são consecutivos em cada coluna.

- Faça as somas indicadas em cada linha para computar os pontos de cada um dos traços.

$$\overline{\quad01\quad} - \overline{\quad09\quad} + \overline{\quad17\quad} + \overline{\quad25\quad} + \overline{\quad33\quad} + 5 = \text{Capacidade de visualização}$$

$$\overline{\quad02\quad} + \overline{\quad10\quad} - \overline{\quad18\quad} + \overline{\quad26\quad} + \overline{\quad34\quad} + 5 = \text{Superação de desafios}$$

$$\overline{\quad03\quad} + \overline{\quad11\quad} + \overline{\quad19\quad} - \overline{\quad27\quad} + \overline{\quad35\quad} + 5 = \text{Manutenção do foco}$$

$$\overline{\quad04\quad} + \overline{\quad12\quad} + \overline{\quad20\quad} + \overline{\quad28\quad} - \overline{\quad36\quad} + 5 = \text{Criação de mapas de percurso}$$

$$\overline{\quad05\quad} + \overline{\quad13\quad} + \overline{\quad21\quad} - \overline{\quad29\quad} + \overline{\quad37\quad} + 5 = \text{Expectância e } drive$$

$$\overline{\quad06\quad} - \overline{\quad14\quad} + \overline{\quad22\quad} + \overline{\quad30\quad} + \overline{\quad38\quad} + 5 = \text{Tolerância à incerteza ou ambivalência}$$

$$\overline{\quad07\quad} + \overline{\quad15\quad} - \overline{\quad23\quad} + \overline{\quad31\quad} + \overline{\quad39\quad} + 5 = \text{Autorreforço para a autoestima}$$

$$\overline{\quad08\quad} - \overline{\quad16\quad} - \overline{\quad24\quad} - \overline{\quad32\quad} + \overline{\quad40\quad} + 18 = \text{Fator de correção}$$

Folha para corrigir a pontuação

Instruções

1. O Fator de Correção (que é igual à soma das respostas 08, 16, 24, 32 e 40) é utilizado para determinar se a pessoa tentou apresentar uma imagem altamente favorável de si mesma. Se o total dessa soma for igual ou maior a 20, então o total da pontuação dos SETE TRAÇOS deve ser corrigido para poder dar uma avaliação mais precisa da pontuação dos TRAÇOS da pessoa.

2. Empregue os seguintes números para fazer a correção da pontuação:

Se o total do Fator de correção for:	Diminua o número abaixo da pontuação de todos o traços:
24 ou 25	7
22 ou 23	5
20 ou 21	3
19 ou menos	0

3. Abaixo você poderá fazer as correções necessárias.

Resultados da pontuação corrigida

	Pontuação obtida	Fator de correção	Total corrigido
Capacidade de visualização		–	
Superação de desafios		–	
Manutenção do foco		–	
Criação de mapas de percurso		–	
Expectância e *drive*		–	
Tolerância à incerteza ou ambivalência		–	
Autorreforço para a autoestima		–	

Perfil de mapeamento de traços

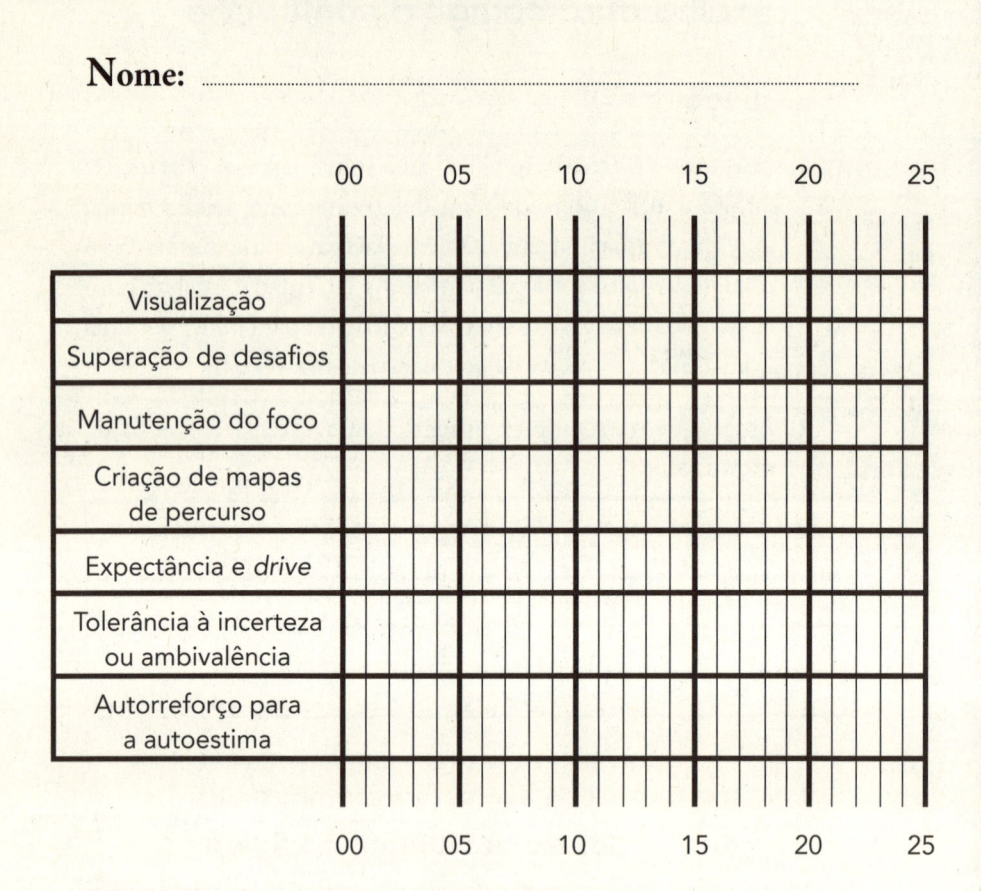

Nome: ....

	00	05	10	15	20	25
Visualização						
Superação de desafios						
Manutenção do foco						
Criação de mapas de percurso						
Expectância e *drive*						
Tolerância à incerteza ou ambivalência						
Autorreforço para a autoestima						
	00	05	10	15	20	25

Faça o teste!

Atrelado ao grau de percepção de responsabilidade pessoal que você deve desenvolver, é muito importante trabalhar o seu nível de resiliência para ter mais condições de se tornar uma *pessoa de resultado*.

Acesse um teste por meio do link abaixo e descubra se seu nível de resiliência está favorável ou não para obter melhores resultados:

http://bit.ly/teste-resiliencia

CAPÍTULO V

Os desafios do desenvolvimento e os sete pontos-chave

O desenvolvimento de resultados, tanto no universo empresarial quanto no pessoal, é individual e único. Nenhuma pessoa é igual a outra. Portanto, as pessoas de resultado também terão características diferentes, embora o foco e o comportamento sigam um padrão predeterminado.

Alguns traços da personalidade das pessoas podem facilitar a prática das ações e dos comportamentos recomendados neste livro. No entanto, não podemos deixar de exercitar essas recomendações, porque algumas coisas só se concretizam na vida quando realmente as aplicamos ao presente. Ao estudar anatomia, descobrimos que o cérebro tem funções muito sofisticadas. Ele opera como uma musculatura: quanto mais o exercitamos, mais se desenvolve. Se o acionamos pouco, ele se enfraquece.

Mais uma vez, a esta altura, reporto-me aos exemplos a mim fornecidos pelo esporte.

Quando comecei a treinar musculação, era um menino franzino de 13 anos, e o médico que consultei aceitou a ideia de que eu praticasse musculação contanto que fosse orientado.

Ao chegar à academia e começar a praticar a série de exercícios, observei um rapaz alto e corpulento que fazia o chamado "supino", exercício que se destina a trabalhar a musculatura peitoral, e levantava pesos de 74 quilos. Ao levantar os pesos, o rapaz dava gritos para liberar energia, chamando a atenção de todos na academia para a sua força física "descomunal". Vendo aquilo, pensei comigo: "Nunca chegarei a ter toda essa força".

Ora, para mim o importante, naquele momento, era treinar, ter cadência. Ia com um amigo à academia. Chegando lá, ele muitas vezes se distraía conversando ou paquerando as jovens mais atraentes. E não treinava. Eu me esforçava, apesar das tentações de uma vida social em permanente festa oferecida pelo amigo.

Na primeira vez em que pratiquei o supino, deram-me para levantar apenas a barra de metal em que se encaixam as "anilhas" (pesos). Eu ficava deitado numa prancha, olhando para cima, retirava a barra do suporte e a trazia para o peitoral para depois levantá-la repetidamente por dez vezes. No início, tive a nítida impressão de que a barra tinha vida própria: tremia, mudava de direção, ia para posições diferentes, e eu não entendia, apenas percebia que a barra dominava o exercício. À medida que fui fazendo os supinos, passei a sentir mais firmeza: a barra começou a obedecer à minha vontade até que se tornou muito "amigável" e leve. Pedi então o acréscimo de alguns pesos para o exercício. E recomecei a série, sentindo-me mais forte por estar levantando 2 quilos em cada braço. Assim, continuei a me desenvolver. Em determinado ponto da vida, como já comentei, cheguei a pesar 107 quilos e a ter braços com 47,5 centímetros de diâmetro. Levantava, então, 90 quilos no supino. A prática constante, a cadência e o exercício são as únicas formas de conseguir o desenvolvimento da musculatura. Não adianta apenas frequentar a academia, informar-se, fazer alguns exercícios. O que adianta é treinar.

E assim oriento meus clientes, sejam pessoas conhecidas da sociedade, sejam empresários de setores específicos e pouco dados à exposição pública, sejam grandes executivos. Treino, treino, treino: é o grande segredo. Conseguir exercitar esse tipo de "musculatura" com os sete pontos-chave apresentados neste livro é o primeiro passo para o desenvolvimento da capacidade de obter resultados de forma sistemática. Ficará mais fácil, inclusive, reconhecer a própria identidade no mundo. O que chamo de identidade é a capacidade de apresentar resultados reconhecidos por outras pessoas. É pelo reconhecimento alheio que podemos aceitar as próprias qualidades.

Entende-se, portanto, que essa identidade seja mais fortalecida em determinadas pessoas e menos em outras. A abordagem de orientação para resultados apresentada desenvolve exatamente a elaboração de uma identidade mais fortalecida.

Gosto de lembrar a trilogia *Guerra nas estrelas,* que, no quarto episódio destacava dois personagens fortes: Luke Skywalker e Darth Vader. No final do episódio, descobrimos que essas figuras tinham algo em comum, pois Darth era pai de Luke. Ambos tinham "a força" – algo que existia neles – mas, por uma questão óbvia, era mais visível no personagem Darth, mais vivido e experiente, com identidade formada. Ele sabia ter esses poderes, pois já os utilizava, evidentemente para o mal. A mesma força existia em Luke, mas ainda não era reconhecida por ele por não fazer parte de sua identidade.

À medida, porém, que a história nos mostrava o treino, o desempenho e a própria identificação dessa natureza diferenciada que é "a força", Luke passa a desenvolver identidade própria, fazendo uso do mesmo atributo que caracterizava Darth Vader. A qualidade de ser um *jedi*[3] estava em sua natureza, mas, se ele não a exercitasse até determinada idade, morreria sem utilizá-la.

No filme, foi preciso que ele exercitasse essas características para identificar em si próprio esse potencial, reconhecido pelo mundo. Lembro-me da cena em que um pequeno *jedi* o ajudava a vencer a própria crença, porque Luke ainda não reconhecia seu potencial. Só no sexto filme vamos encontrar

---

3. *Jedi* – estirpe dotada de poderes especiais na série *Guerra nas estrelas.*

um Luke fortalecido, ciente de sua identidade, pronto para utilizar a própria força, sabendo desenvolvê-la e aplicá-la com precisão. Isso é orientação para resultados na vida das pessoas.

Os pontos-chave apresentados anteriormente no Capítulo III são aspectos simples, passíveis de ser comprovados por qualquer pessoa, independentemente do momento de vida que esteja atravessando. É preciso destacar que, se exercitarmos as visualizações, se nos impusermos desafios, tudo isso construirá em nós uma "musculatura" que, aos poucos, será testada e desenvolvida, até começarmos a notar nossa identidade com relação a essas características. É possível que isso aconteça – basta acreditarmos.

Eu já trabalhei com comunidades de extrema carência e, na outra ponta da escala social, com executivos "poderosos". Nos dois grupos havia pessoas de identidade pouco desenvolvida. À medida que íamos exercitando esses padrões com métodos de capacitação, com reuniões de direcionamento comportamental, com sugestões diferenciadas, verificávamos que as pessoas treinadas galgavam um novo degrau da escala do desenvolvimento. A aquisição dessa "musculatura" é bastante viável quando a exercitamos.

Esta é a promessa que desejo expressar: *as sete características que definem a orientação para resultados podem produzir frutos concretos.* É claro que às vezes de maneira mais fácil, outras com certa dificuldade, segundo as circunstâncias de nossa vida. Só não podemos deixar de treinar, lembrando-nos daquele empresário que precisava de uma solução para o fato de ter mais de setenta títulos protestados. Depois de conseguir livrar-se do problema, ele hoje sabe que existe um potencial dentro dele que pode ser acionado sempre que necessário.

Assim, os sete pontos-chave que relacionamos têm a característica de desenvolver indivíduos para uma prosperidade visível e incomum, não importam as condições que possam cercá-los.

Proponho iniciar agora nossos exercícios, tal como no exemplo mencionado do atleta que começa por erguer apenas a barra na qual se encaixam os pesos. O desafio parecerá mais difícil para alguns, mais fácil para outros. Vamos a eles:

VISUALIZAÇÕES

1. Exercite visualizar dezesseis coisas que você gostaria de obter no período máximo de cinco anos, oito que digam respeito a aquisições pessoais e oito relativas a aspectos profissionais.

Mesmo que pareça difícil, tente várias vezes, por dias seguidos, de preferência no início da manhã, enquanto estiver deitado, durante vinte minutos, até que o quadro visual de seus desejos apareça mais nitidamente em sua mente.

EXEMPLOS PESSOAIS:
1. Aprender a falar inglês.

2. Viajar para o Nordeste.
3. Comprar um carro novo.
4. Tratar dos dentes.
5. Reformar a casa.
6 ...
7 ...
8 ...

EXEMPLOS PROFISSIONAIS:
1. Conquistar mais cinquenta clientes.
2. Conseguir o contrato da empresa X.
3. Ganhar mais 1.000 reais por mês.
4. Tornar-se gerente do departamento.
5. Conseguir um emprego novo.
6 ...
7 ...
8 ...

ESPECIFICAÇÕES DAS VISUALIZAÇÕES

2. Estabeleça uma medida e um prazo, sempre com um pé na realidade objetiva, tomando o cuidado de evitar os diversos graus de idealização.

3. Certifique-se de que são desafiantes. É preciso haver a possibilidade de fracasso, embora essa possibilidade não seja determinante.

EXEMPLOS PESSOAIS:

Objetivo 1: aprender a falar inglês.

Um ano: Cursar inglês duas vezes por semana.

Dois anos: Fazer a prova e passar para o nível intermediário, cursando inglês duas vezes por semana.

Cinco anos: Concluir o curso de inglês com nível avançado.

Objetivo 2: viajar para o Nordeste.

Um ano: Decidir o pacote de viagem (número de dias, valores, hospedagem etc.).

Dois anos: Terminar de pagar o pacote e viajar.

Obs.: Perceba que esse objetivo alcança a realização em dois anos.

Objetivo 3: comprar um carro novo.

Dois anos: Poupar o valor X para dar 50% como entrada do carro.

Cinco anos: Comprar o carro (especifique valor, ano, marca e acessórios de fábrica).

EXEMPLOS PROFISSIONAIS:

Objetivo 1: conquistar mais cinquenta clientes.

Um ano: Abrir mais vinte clientes na seguinte especificação (tamanho da empresa e região).

Dois anos: Abrir mais cinquenta clientes com as especificações determinadas.

Obs.: Perceba que esse objetivo alcança a realização em dois anos.

Objetivo 2: conseguir o contrato da empresa X.

Um ano: Conseguir o contrato da empresa X no valor de X mil reais, com as seguintes especificações ...

Obs.: Perceba que esse objetivo pode ser alcançado em um ano.

Objetivo 3: ganhar mais 1.000 reais por mês.

Um ano: Vender mais X% por mês em (especifique produtos ou áreas).

Dois anos: Ganhar X mil reais por mês.

4. Elabore um planejamento determinando ações de longo, médio e curto prazo.

Isso varia muito. Num estaleiro, o curto prazo pode significar dez ou vinte anos. Para uma casa noturna, um prazo curto é o primeiro semestre de operação. Cada caso tem seu prazo longo, médio ou curto. De qualquer forma, determine ações de longo, médio ou curto prazo que sejam integradas umas às outras, num plano de ação de um ano, conforme os exemplos a seguir.

CONSTRUÇÃO DE PLANOS DE AÇÃO EXEMPLOS PESSOAIS:

Objetivo 1: aprender a falar inglês.

Primeiro ano: Cursar inglês duas vezes por semana.

AÇÃO*
Passo 1: identificar três escolas de inglês e cotar seus preços.
Passo 2: fazer a matrícula e iniciar os estudos.
Passo 3: manter 90% de frequência e fazer no mínimo 80% dos trabalhos.

*Definir o dia, o mês e o ano e cumprir o planejado.

Segundo ano: Fazer a prova e passar para o nível intermediário, cursando inglês duas vezes por semana.

AÇÃO*
Passo 1: manter 90% de frequência e fazer no mínimo 80% dos trabalhos durante o segundo ano de curso.
Passo 2: estudar para a prova de nível intermediário, cumprindo duas horas a mais de estudo por semana nos três meses anteriores.

*Definir o dia, o mês e o ano e cumprir o planejado.

Do ***terceiro ao quinto ano:*** Concluir o curso de inglês com nível avançado.

AÇÃO*
Passo 1: manter 90% de frequência e fazer no mínimo 80% dos trabalhos durante os três últimos anos de curso.
Passo 2: estudar para as provas de passagem de nível, cumprindo duas horas a mais de estudo por semana nos três meses anteriores à prova.
Passo 3: estudar para a prova de passagem ao nível avançado, cumprindo três horas a mais de estudo por semana nos três meses anteriores.

*Definir o dia, o mês e o ano e cumprir o planejado.

EXEMPLOS PROFISSIONAIS:
Objetivo 1: conquistar mais cinquenta clientes.

Primeiro ano: Abrir mais vinte clientes na seguinte especificação (tamanho da empresa e região).

AÇÃO*
Passo 1: prospectar quarenta novos clientes conforme as especificações em vários meios (revistas, guia telefônico, internet etc.).
Passo 2: marcar dez visitas por mês aos clientes prospectados (exemplo para o mês de setembro).
Passo 3: preparar o material de vendas direcionado a cada cliente a ser visitado no período (exemplo para o mês de setembro).
Passo 4: visitar uma média de quatro clientes por semana (exemplo para o mês de setembro).

*Definir o dia, o mês e o ano e cumprir o planejado.

Segundo ano: Abrir mais cinquenta clientes com as especificações determinadas.

Montar a tabela de plano de ação para cada período posterior até atingir o objetivo.

Perceba que essa técnica, retirada dos estudos relacionados à orientação para resultados, permite ao indivíduo monitorar a protelação, a acomodação, o *drive* e a expectância. Esse treino desenvolve operações mentais que se assemelham a planos de ação orientados para resultados específicos.

5. Uma vez visualizado, mantenha o foco pelo período de dois anos. Se preferir, determine o período

de um ano, como nos exemplos anteriores. Depois, observe quanto você progrediu na busca desse objetivo.

Checklist/monitoramento:

EXEMPLOS:
Objetivo 1: aprender a falar inglês.
Primeiro ano: Cursar inglês duas vezes por semana.

AÇÃO*
Passo 1: identificar três escolas de inglês e cotar seus preços.
Passo 2: fazer a matrícula e iniciar os estudos.
Passo 3: manter 90% de frequência e fazer no mínimo 80% dos trabalhos.

*Definir o dia, o mês e o ano e cumprir o planejado.

Marque os passos atingidos – faça isso para constatar os progressos, ainda que parciais. E mantenha o foco mesmo que seja por apenas três ou seis meses. Aprenda a dizer não, para poder se dedicar à procura desse foco específico.

6. Mantenha a expectância, honre o que precisa ser feito, execute as ações necessárias.

Use a flexibilização e monitore-se todo o tempo, mas não se apoie nos impulsos de momento, que podem prejudicar aquilo que deve ser feito primordialmente. Lembre-se de que nem tudo é prazer. Faça o que precisa ser feito.

7. Dirija a própria energia.

Se em determinado dia você se encontrar mais cansado ou desmotivado, procure exercitar a disciplina e vá para a "academia" para fazer o que precisa ser feito. Depois de alguns minutos, sua disposição estará muito melhor.

Não desanime, lembre-se de que todo fracasso é um aprendizado para um sucesso posterior. Só saberemos se chegamos ou não ao final de um caminho quando nos sentirmos triunfantes. Se esse sentimento não estiver presente, é porque ainda estamos percorrendo o caminho.

Procure encontrar em cada ação e atividade de sua vida um sentido interior para executá-la.

Verifique o que é de fato seu, senão dificilmente dará certo.

8. Procure presentear-se a cada vitória conseguida.

Faça isso sem culpa, pois você o mereceu!

9. Aprenda com os próprios erros. Observe o que não deve ser repetido.

10. Administre o que podemos chamar de autoconhecimento, descobrindo quanto seu jeito de ser

pode favorecer ou não determinada ação. Isso facilita a descoberta do próprio limite, lembrando que, quanto mais aceitamos nossas fraquezas, paradoxalmente nos tornamos mais fortes. Não nos escondamos de nós mesmos, sejamos o que somos e não o que gostaríamos de ser. Essa é a essência do autoconhecimento, que também abrange a procura permanente do equilíbrio através das boas leituras, do autoexame e do uso dos recursos da Psicologia, como psicoterapia, meditação e orações.

CAPÍTULO VI

Bases motivacionais

Antes de começar este capítulo, vamos trabalhar em um teste, para que você saiba em que base motivacional se encontra. É muito importante que responda com extrema isenção, para que obtenha o resultado verdadeiro e possa se autoavaliar corretamente.

QUESTIONÁRIO BASES MOTIVACIONAIS

Instruções:

A seguir, você encontrará 45 pares de respostas que as pessoas dão sobre suas relações íntimas com as pessoas e com o trabalho. Leia cada par de respostas e decida qual das respostas do par melhor descreve aquelas que são mais motivadoras para você. Ou seja, se você tivesse que escolher uma resposta prioritária ou uma preferência entre cada afirmação, como dividiria. Então, utilizando a seguinte escala:

 0 = menos motivadora
 1 = possivelmente motivadora
 2 = bem motivadora
 3 = muito mais motivadora

Distribua um total de 3 (três) pontos entre cada par de respostas, como nos exemplos de pontuação abaixo:

1.	Z	0
	Y	3

2.	Z	1
	Y	2

3.	Z	2
	Y	1

4.	Z	3
	Y	0

01	Z		Gosto de aperfeiçoar constantemente as minhas competências pessoais.
	Y		Gosto de ser solidário com as outras pessoas, mesmo que não sejam das minhas relações íntimas.
02	Z		Gosto de aperfeiçoar constantemente as minhas competências pessoais.
	Y		No trabalho, gosto de ser uma pessoa amável.
03	Z		Esforço-me por melhorar os meus resultados anteriores.
	Y		Fico preocupado quando sinto que, de alguma forma, contribuí para o mal-estar das relações íntimas no trabalho.
04	Z		Gosto de saber quando o meu trabalho foi bem ou mal realizado, para fazer melhor no futuro.
	Y		Gosto de ser solidário com as outras pessoas, mesmo que não sejam das minhas relações íntimas.
05	Z		Tento fazer o meu trabalho de modo inovador.
	Y		Sinto satisfação quando vejo que uma pessoa que me pediu ajuda fica feliz com o meu apoio.
06	Z		Tento fazer o meu trabalho de modo inovador.
	Y		No trabalho, gosto de ser uma pessoa amável.
07	Z		Gosto de aperfeiçoar constantemente as minhas competências pessoais.
	X		Tenho discussões com os outros porque costumo insistir naquilo que penso que deve ser feito.

08	Z		Esforço-me por melhorar os meus resultados anteriores.
	X		Tenho discussões com os outros porque costumo insistir naquilo que penso que deve ser feito.
09	Z		Esforço-me por melhorar os meus resultados anteriores.
	X		Quando participo de algum convívio, aproveito para influenciar os outros e obter o seu apoio para aquilo que quero fazer.
10	Z		Gosto de saber quando o meu trabalho foi bem ou mal realizado, para fazer melhor no futuro.
	X		Tenho discussões com os outros porque costumo insistir naquilo que penso que deve ser feito.
11	Z		Gosto de saber quando o meu trabalho foi bem ou mal realizado, para fazer melhor no futuro.
	X		Quando chamo pessoas para o trabalho da minha equipe, procuro as que me permitam exercer mais influência.
12	Z		Gosto de saber quando o meu trabalho foi bem ou mal realizado, para fazer melhor no futuro.
	X		Quando participo de algum convívio, aproveito para influenciar os outros e obter o seu apoio para aquilo que quero fazer.
13	Z		Tento fazer o meu trabalho de modo inovador.
	X		Tenho um desejo secreto de chamar a atenção das pessoas.
14	Z		Tento fazer o meu trabalho de modo inovador.
	X		Tenho discussões com os outros porque costumo insistir naquilo que penso que deve ser feito.

15	Z		Tento fazer o meu trabalho de modo inovador.
	X		Quando chamo pessoas para o trabalho da minha equipe, procuro as que me permitam exercer mais influência.
16	Z		Tento fazer o meu trabalho de modo inovador.
	X		Quando participo de algum convívio, aproveito para influenciar os outros e obter o seu apoio para aquilo que quero fazer.
17	Y		Gosto de ser solidário com as outras pessoas, mesmo que não sejam das minhas relações íntimas.
	X		Tenho um desejo secreto de chamar a atenção das pessoas.
18	Y		No trabalho, gosto de ser uma pessoa amável.
	X		Tenho um desejo secreto de chamar a atenção das pessoas.
19	Y		Fico preocupado quando sinto que, de alguma forma, contribuí para o mal-estar das relações íntimas no trabalho.
	X		Tenho discussões com os outros porque costumo insistir naquilo que penso que deve ser feito.
20	Y		No trabalho, gosto de ser uma pessoa amável.
	X		Quando chamo pessoas para o trabalho da minha equipe, procuro as que me permitam exercer mais influência.

21	Y		Fico preocupado quando sinto que, de alguma forma, contribuí para o mal-estar das relações íntimas no trabalho.
	X		Quando chamo pessoas para o trabalho da minha equipe, procuro as que me permitam exercer mais influência.
22	Z		Esforço-me por melhorar os meus resultados anteriores.
	Y		Gosto de ser solidário com as outras pessoas, mesmo que não sejam das minhas relações íntimas.
23	Z		Gosto de saber quando o meu trabalho foi bem ou mal realizado, para fazer melhor no futuro.
	Y		No trabalho, gosto de ser uma pessoa amável.
24	Z		Tento fazer o meu trabalho de modo inovador.
	Y		Fico preocupado quando sinto que, de alguma forma, contribuí para o mal-estar das relações íntimas no trabalho.
25	Y		Sinto satisfação quando vejo que uma pessoa que me pediu ajuda fica feliz com o meu apoio.
	X		Tenho um desejo secreto de chamar a atenção das pessoas.
26	Y		Gosto de ser solidário com as outras pessoas, mesmo que não sejam das minhas relações íntimas.
	X		Tenho discussões com os outros porque costumo insistir naquilo que penso que deve ser feito.

27	Y		Gosto de ser solidário com as outras pessoas, mesmo que não sejam das minhas relações íntimas.
	X		Quando chamo pessoas para o trabalho da minha equipe, procuro as que me permitam exercer mais influência.
28	Z		Gosto de aperfeiçoar constantemente as minhas competências pessoais.
	Y		Sinto satisfação quando vejo que uma pessoa que me pediu ajuda fica feliz com o meu apoio.
29	Y		Fico preocupado quando sinto que, de alguma forma, contribuí para o mal-estar das relações íntimas no trabalho.
	X		Quando participo de algum convívio, aproveito para influenciar os outros e obter o seu apoio para aquilo que quero fazer.
30	Z		Esforço-me por melhorar os meus resultados anteriores.
	Y		Sinto satisfação quando vejo que uma pessoa que me pediu ajuda fica feliz com o meu apoio.
31	Z		Gosto de saber quando o meu trabalho foi bem ou mal realizado, para fazer melhor no futuro.
	Y		Fico preocupado quando sinto que, de alguma forma, contribuí para o mal-estar das relações íntimas no trabalho.
32	Z		Gosto de aperfeiçoar constantemente as minhas competências pessoais.
	X		Tenho um desejo secreto de chamar a atenção das pessoas.

33	Z		Tento fazer o meu trabalho de modo inovador.
	Y		Gosto de ser solidário com as outras pessoas, mesmo que não sejam das minhas relações íntimas.
34	Z		Gosto de aperfeiçoar constantemente as minhas competências pessoais.
	Y		Fico preocupado quando sinto que, de alguma forma, contribuí para o mal-estar das relações íntimas no trabalho.
35	Z		Gosto de saber quando o meu trabalho foi bem ou mal realizado, para fazer melhor no futuro.
	Y		Sinto satisfação quando vejo que uma pessoa que me pediu ajuda fica feliz com o meu apoio.
36	Z		Gosto de aperfeiçoar constantemente as minhas competências pessoais.
	X		Quando participo de algum convívio, aproveito para influenciar os outros e obter o seu apoio para aquilo que quero fazer.
37	Z		Esforço-me por melhorar os meus resultados anteriores.
	X		Tenho um desejo secreto de chamar a atenção das pessoas.
38	Y		Sinto satisfação quando vejo que uma pessoa que me pediu ajuda fica feliz com o meu apoio.
	X		Tenho discussões com os outros porque costumo insistir naquilo que penso que deve ser feito.

39	Z		Gosto de aperfeiçoar constantemente as minhas competências pessoais.
	X		Quando chamo pessoas para o trabalho da minha equipe, procuro as que me permitam exercer mais influência.
40	Z		Gosto de saber quando o meu trabalho foi bem ou mal realizado, para fazer melhor no futuro.
	X		Tenho um desejo secreto de chamar a atenção das pessoas.
41	Y		Sinto satisfação quando vejo que uma pessoa que me pediu ajuda fica feliz com o meu apoio.
	X		Quando chamo pessoas para o trabalho da minha equipe, procuro as que me permitam exercer mais influência.
42	Y		Gosto de ser solidário com as outras pessoas, mesmo que não sejam das minhas relações íntimas.
	X		Quando participo de algum convívio, aproveito para influenciar os outros e obter o seu apoio para aquilo que quero fazer.
43	Y		No trabalho, gosto de ser uma pessoa amável.
	X		Tenho discussões com os outros porque costumo insistir naquilo que penso que deve ser feito.
44	Y		Fico preocupado quando sinto que, de alguma forma, contribuí para o mal-estar das relações íntimas no trabalho.
	X		Tenho um desejo secreto de chamar a atenção das pessoas.

45	Z	Esforço-me por melhorar os meus resultados anteriores.
	Y	No trabalho, gosto de ser uma pessoa amável.

Resultado do Questionário

Para determinar a pontuação de seu questionário, revise-o e some todos os pontos referentes a cada um dos itens X, Y e Z. Indique o total de cada letra nos espaços abaixo.

Observe que o total destes pontos deve ser igual a 135.

TOTAL:

$$\overline{}_{X} + \overline{}_{Y} + \overline{}_{Z} = 135$$

CARACTERIZAÇÃO DAS BASES EMOCIONAIS

Os motivos de Realização, Afiliação e Poder têm sido alvo de extensa investigação por parte de numerosos investigadores, em grande medida como fruto dos trabalhos inspiradores de McCllelland e seus colaboradores. Podem ser assim caracterizados:

Z O motivo de Realização representa uma orientação para a excelência, a busca de feedback tendo em vista melhorar o desempenho. As pessoas fortemente motivadas para a Realização (sucesso) aspiram a metas elevadas, mas realistas, tomam iniciativa, tendem a ser "irrequietas" na sua atividade e a ser bem-sucedidas como empreendedoras.

O motivo de Realização representa um interesse recorrente em fazer as coisas melhor (orientação para a excelência), ultrapassando padrões. Os indivíduos bem cotados neste motivo têm forte desejo de assumir responsabilidade pessoal por encontrar soluções para os problemas e preferem situações em que obtêm feedback para melhorar seu desempenho. É presumível que denotem melhores desempenhos profissionais, assim progredindo para patamares superiores de carreira e obtendo concomitantes acréscimos salariais. Sendo o dinheiro um sinal/indicador por excelência desse sucesso, é plausível que o procurem mais intensamente do que os menos propensos a este motivo. Manifestam preferência por tarefas de dificuldade intermediária (uma preferência por riscos moderados), procuram alcançar objetivos elevados, mas realistas, reagem positivamente à competição, tomam iniciativas e são mais persistentes quando tentam finalizar uma tarefa ou realizá-la bem. Tendem a ser irrequietos e bem-sucedidos como empreendedores.

O motivo Afiliativo representa um interesse recorrente em estabelecer, manter ou restaurar relações íntimas afetivas positivas ("quentes" e amistosas) com outras pessoas, sendo natural que prezem as suas relações íntimas familiares e extraprofissionais em maior grau do que os menos afiliativos. É, portanto, indicador que denotem menor grau de empenho na carreira e na vida profissional, fato que tende a traduzir-se em menores níveis salariais. Mesmo nos ambientes de trabalho, tendem a atribuir mais importância às pessoas do que às tarefas, reforçando desempenhos de nível inferior. Acresce que o esforço para conquistar amizades e restaurar relações íntimas, assim como o desejo de aprovação social, tenderão a ser, em certa medida, impeditivos do acesso a cargos de chefia, o que os afasta de uma possibilidade adicional de obter rendimentos mais elevados.

Finalmente, dado que os indivíduos mais afiliativos tendem a possuir classificações mais fracas no curso, é revelador que fiquem desprovidos de um dos elementos potencialmente indutores de melhores empregos e correspondentes salários, pelo menos no momento de ingresso no mercado de trabalho. Embora tendam a ser mais cooperativos e a conformar-se mais com os desejos de outros, podem atuar irada e defensivamente sob condições de ameaça.

X O motivo de Poder representa um interesse recorrente em ter impacto sobre as pessoas, em afetar seus comportamentos e suas emoções. Os mais motivados para o Poder procuram controlar ou influenciar as outras pessoas, sentem-se atraídos por riscos elevados, procuram posições de liderança e prestígio e são mais competitivos do que os indivíduos com fraca orientação para este motivo.

Os mais motivados para o Poder tendem a procurar posições de prestígio e de reputação, parecendo razoável presumir que tais posições estejam associadas a superiores níveis remuneratórios. Também tendem a procurar funções de liderança, assim usufruindo de níveis salariais superiores aos dos seus subordinados. Além disso, é plausível que a necessidade de provocar impacto os conduza a procurar atividades e funções mais bem remuneradas do que as exercidas por outras pessoas.

Em contrapartida, essa necessidade de provocar impacto e de exibir objetos de prestígio pode conduzi-los a uma busca mais intensa de poder aquisitivo. Finalmente, motivados para influenciar, e até dominar, é natural que não pretendam colocar-se em posições de dependência, o que tenderia a suceder se fossem postos numa posição social parca em recursos financeiros.

Toda pessoa tem uma mistura dessas três bases motivacionais. Nenhuma é melhor do que as outras. Mas a predominância de uma base motivacional indica facilidade para operar em certos ambientes. Gerentes, por exemplo, tendem a ser motivados por poder e afiliação. Pessoas altamente motivadas por realização preferem empreender ou dirigir uma unidade de uma organização onde tenham autonomia.

Cada pessoa tem uma motivação:

- *Motivação para realização:* busca da excelência em pessoas de negócio. São personalidades mais competitivas e visam sempre "ganhar". Tem padrões autoimpostos para um desempenho diferenciado. Envolvem-se emocionalmente na obtenção ou no alcance de um objetivo determinado, mesmo que seja a "duras penas".
Buscam fazer o melhor e sempre avaliam seu desempenho em relação aos resultados. São inventivos, inovadores e criativos. Buscam objetivos a longo prazo e trabalham para ter sucesso na vida.

- *Motivação para poder:* obtenção ou manutenção do controle dos meios de influenciar pessoas. Buscam mostrar a dominância, convencer alguém ou ganhar uma posição de controle. Trabalham emocionalmente para evitar fraquezas e humilhações. A motivação manifesta-se como desejo de argumentar, exigir ou até mesmo forçar alguns padrões em outras pessoas, como dar uma ordem, tentar convencer ou punir. Buscam ser superiores e gostam de ter controle dos meios de influenciar um subordinado.

- *Motivação para afiliação:* buscam sempre o estabelecimento, a manutenção e a restauração de relações emocionais positivas com outras pessoas, a amizade é o tipo mais básico de relação emocional positiva. A ligação relação entre pais e filhos, namorados e namoradas, as relações afetivas e afetuosas são mais predominantes em detrimento de resultados. Possuem uma necessidade de serem queridas por outras pessoas ou por alguém. É por isso que buscam relações de "querer bem". Quando uma relação interpessoal estreita é rompida ou quebrada, eles se sentem emocionalmente abalados e trabalham mesmo que de modo inconsciente para restaurar a relação. São voltados a atividades associativas como festas, reuniões, visitas, bate-papos descontraídos. Ações voltadas para o bem-estar ou a preocupação com outras pessoas são típicas dessa motivação, e nela são encontradas relações como a ausência do senso do dever.

As necessidades de cada modelo mental são:

- *Necessidade de realização:* Impulso de exceder, de sair-se bem em relação a um conjunto de padrões, de lutar pelo sucesso.

- *Necessidade de afiliação:* Desejo por relações interpessoais amigáveis e próximas.

- *Necessidade de poder:* A necessidade de fazer os outros se comportarem de uma maneira que normalmente não se comportariam.

- *Necessidade de defesa do fracasso* (motivação que não é medida no Indicador de Bases Motivacionais): Relacionada à necessidade de defender o "eu" de ataques, críticas e culpas; de omitir ou justificar má ação, falha ou humilhação.

Características de pessoas com alta motivação por realização

- Desejam assumir a responsabilidade pessoal pelas decisões;
- Têm preferência por decisões que envolvem níveis moderados de risco;
- Interessam-se por feedback imediato sobre o resultado das decisões tomadas;
- Desinteressam-se por trabalhos repetitivos, rotineiros;

Características de pessoas com alta motivação por poder

- Desejam assumir posições de destaque dentro do grupo;
- Possuem ou exibem símbolos do poder;
- Realizam atividades que as levam a se sentir poderosas.

Características de pessoas com alta motivação por afiliação

- São mais sensíveis às necessidades dos outros;
- Tendem a ter rede de relacionamento maiores;
- Ao desempenhar tarefas em grupo, estão mais interessadas em obter feedback sobre o desempenho do grupo do que sobre seu desempenho pessoal;
- Evitam conflitos e críticas, o que as afeta negativamente no desempenho de funções gerenciais.

Características de pessoas com alta motivação por defesa do fracasso (motivação que não é medida no Indicador de Bases Motivacionais)

- Funcionam como uma espécie de "freio" para os motivos de realização e poder;
- Levam as pessoas a considerar os ganhos (realização) frente aos riscos (fracasso) e agir para correr riscos em um nível muito baixo, ou;
- Avaliam demasiadamente um possível impacto negativo de suas estratégias de persuasão antes de aplicá-las.

Implicações das motivações no ambiente de negócios

1. Motivacional para realização

Aspectos positivos

- Maior incidência de *drive* e expectância;
- Facilidade de empreender sozinho;
- *Self-made men*;
- Construtores;
- Maior visão arquetípica, sistêmica e futura;
- Privilégio do resultado *versus* relações e reconhecimento.

Aspectos negativos

- Têm dificuldade de reconhecimento de limites;
- Tendem a fracassar mais vezes;
- São mais ansiosos;
- São atropeladores;
- Não esperam o "time" mais adequado;
- Possuem vínculos "funcionais".

2. Motivacional para poder

Aspectos positivos

- Encontrados em ambientes estruturados;
- Demonstram facilidade de operar em estruturas;
- Trabalham para coordenar e orientar pessoas;
- São mais encontrados em ambientes/funções de liderança;
- Possuem maior facilidade de empreender em serviços;
- São sedutores.

Aspectos negativos

- Privilegiam imagem e forma;
- Trabalham para ter destaque;
- Têm dificuldade de retomada;
- Têm dificuldade do "pé na lama";
- Têm dificuldade de identificar as próprias falhas;
- São sedutores.

3. Motivacional para afiliação

Aspectos positivos

- Têm facilidade em relacionamentos;
- Têm facilidade em manutenção de equipe;
- Trabalham em grupo (muitas vezes familiares);
- São formadores de "times";
- Podem substituir colaboradores para concluir objetivos.

Aspectos negativos

- Têm dificuldade de dizer não;
- Têm dificuldade de quebra de vínculo;
- Não são orientados para resultados;
- Trabalham em grupo;
- Possuem dificuldade de empreender sozinhos.

Agora é com você!

As realizações só dependem da própria capacidade de começar, de ousar, de iniciar algo. O processo nos ensina como fazer. Lembro-me de uma passagem famosa em que Carl Rogers aborda, em um de seus livros, a tendência realizadora do indivíduo, que ficou conhecida como o caso das batatas. Quero citá-la expressamente. Escreve Rogers em *Um jeito de ser*:

> A tendência realizadora pode, evidentemente, ser frustrada ou desvirtuada, mas não pode ser destruída sem que se destrua também o organismo. Lembro-me de um episódio de infância que ilustra essa tendência. A caixa em que armazenávamos nosso suprimento de batatas para o inverno era guardada no porão, vários pés abaixo de uma pequena janela. As condições eram desfavoráveis, mas as batatas começavam a germinar – eram brotos pálidos e brancos, tão diferentes dos rebentos verdes e sadios que as batatas produziam quando plantadas na terra, durante a primavera. Contudo, esses brotos tristes e esguios cresceram dois ou três pés em busca da luz distante da janela. Em seu crescimento bizarro e vão, esses brotos eram uma expressão desesperada da tendência direcional de que estou falando. Nunca seriam plantas, nunca amadureceriam, nunca realizariam seu verdadeiro potencial. No entanto, sob as mais diversas circunstâncias, estavam tentando ser uma planta. A vida não entregaria os pontos mesmo que não pudesse florescer. Ao lidar com clientes cujas vidas foram terrivelmente desvirtuadas, ao trabalhar com homens e mulheres nas salas de fundo dos hospitais do Estado, sempre penso nesses brotos de batata. As condições em que se desenvolveram essas pessoas têm sido tão desfavoráveis que suas vidas quase sempre parecem anormais, distorcidas, pouco humanas. E, no entanto, pode-se confiar que a tendência realizadora está presente nelas. A chave para entender seu

comportamento é a luta em que se empenham para crescer e ser, utilizando-se dos recursos que acreditam ser os disponíveis. Para as pessoas saudáveis, os resultados podem parecer bizarros e inúteis, mas são uma tentativa desesperada da vida para existir.

Como mostra a história, mesmo quando parecemos estar mais mortos do que vivos, nossos núcleos ainda assim podem ser ativados. Tudo depende da nossa força de viver.

Se conseguirmos sempre despertar em nós a força da vida, aquele sentimento de plenitude e serenidade, as "notas 10" vindas do céu vão se tornar mais frequentes em nosso contínuo processo de conquista.

A força da vida se incorpora naturalmente em nós sem que a percebamos. Assim, a plenitude, aquilo que produzirá nosso desenvolvimento, mora em nós mesmos. É o que chamam de propósito. Experimente, com seu propósito, ousar, começar algo usando uma força que só é posta à prova quando a convocamos em nosso favor. O processo sempre vai construir o melhor caminho. Portanto, vamos lá, pois mais importante do que acertar é iniciar.

O que, afinal, aprendemos?

Ao terminar esta leitura, você já adquiriu bases de conscientização para transformar tentativas em escolhas, manter o foco e sustentar tanto a energia quanto a expectância bem direcionadas, que, são características fundamentais para uma pessoa de resultado.

Então, você já sabe que, para atingir o que se propõe a fazer, precisará flexibilizar-se tantas vezes quantas forem necessárias, prorrogando ou antecipando ações.

É importante, também, reforçar as conquistas em cada etapa atingida e constatar a factibilidade das escolhas.

Você aprendeu que sair de situações difíceis ou conquistar novos objetivos depende apenas de treino.

Esse estudo foi feito, o mapeamento apresentado, as ferramentas entregues. Agora o treino é com você!

Em sintonia com os conteúdos apresentados, quero terminar este livro com um texto de autoria desconhecida, que trata da maravilha que representa o ato de adquirir e transmitir conhecimento e experiências de vida:

Chega um tempo em que, afinal, você aprende que amar não significa apoiar-se e que companhia nem sempre quer dizer segurança.

E entende que beijos não são contratos, e presentes não são promessas.

E passa a aceitar suas derrotas com a cabeça erguida e os olhos adiante, com a graça de um adulto, e não com a tristeza de uma criança.

Depois de um tempo, você aprende que o sol queima se ficar exposto a ele por muito tempo.

E que, não importa quanto você se importe, algumas pessoas simplesmente não se importam...

E aceita que, não importa quão boa seja uma pessoa, ela vai feri-lo de vez em quando, e você precisa perdoá-la por isso.

Aprende que falar pode aliviar dores emocionais.

Descobre que são precisos muitos anos para construir confiança e apenas segundos para perdê-la e que você pode fazer coisas em um instante das quais se arrependerá pelo resto da vida.

Aprende que verdadeiras amizades continuam a crescer mesmo quando separadas por longas distâncias.

E que o que importa não é o que você tem na vida, mas quem você tem na vida.

E que os bons amigos são a família que nos permitiram escolher.

Aprende que não temos de mudar de amigos se compreendermos que os amigos mudam; percebe que seu melhor amigo e você podem fazer qualquer coisa, ou nada; e ter bons momentos juntos.

Começa a aprender que não deve se comparar aos outros, mas ao melhor que você pode ser.

Descobre que demora muito tempo para alguém se tornar a pessoa que quer ser e que o tempo é curto.

Aprende que, ou você controla seus atos, ou eles o controlarão, e que ser flexível não significa ser fraco ou não ter personalidade, pois, não importa quão delicada e frágil seja uma situação, sempre existem dois lados.

Aprende que heróis são pessoas que fizeram o que era necessário fazer, enfrentando as consequências.

Aprende que paciência requer muita prática. Descobre que algumas vezes a pessoa que você espera que o chute quando cai é uma das poucas que o ajudarão a se levantar.

Aprende que maturidade tem mais a ver com os tipos de experiência que você teve e o que aprendeu com ela do que com quantos anos você tem.

Aprende que há mais dos seus pais em você do que supunha.

Aprende que, quando você está com raiva, pode até ter o direito de estar com raiva, mas não de ser cruel.

Descobre que só porque alguém não o ama do jeito que você quer que ame isso não significa que esse alguém não o ame com o melhor de si, pois existem pessoas que nos amam, mas apenas não sabem como demonstrar ou viver isso.

Aprende que nem sempre é suficiente ser perdoado por alguém. Algumas vezes, você tem de aprender a perdoar a si mesmo.

Aprende que, com a mesma severidade com que julga, você será em algum momento condenado.

Aprende que, não importa em quantos pedaços seu coração se tenha partido, o mundo não vai parar para que você o conserte.

Aprende que o tempo não é algo que possa voltar atrás.

Pois você aprende que realmente pode suportar, que realmente é forte e que pode ir ainda muito mais longe depois de ter pensado que não poderia mais.

Portanto, plante seu jardim e decore sua alma em vez de esperar que alguém lhe traga flores.

Acesse o nosso curso on-line gratuito!

"Como se destacar das pessoas comuns e ser uma pessoa de resultado."

Acesse o nosso curso on-line gratuito e descubra:
- O que está te fazendo procrastinar a conquista de seus objetivos.
- O passo a passo para vencer a procrastinação.
- A conduta, na prática, das pessoas de resultado.

Entre no site e tenha acesso imediato às três aulas:

http://pessoasderesultado.com.br/curso-exclusivo

BIBLIOGRAFIA

AIUB, G. W.; ANDREOLLA, N.; ALLEGRETII, R. D. F. *Plano de negócios: serviços*. 2. ed. Porto Alegre: Sebrae, 2000.

BERNHOEFT, R. *Como tornar-se um empreendedor em qualquer idade*. São Paulo: Nobel, 1996.

BRERETON, P. R. "Qualifications for entrepreneurship." *Journal of Small Business Management*, October 12, 1974.

CASSON, M. *The entrepreneur*. Oxford: Martin Roberston, 1982.

CATELL, R. B. "The riddle of perseveration: 'creative effort' and disposition rigidity." *Journal of Personality*, 1946.

COHEN, D. "Como se faz gente que faz?" *Exame*. 23 Ago. 2000, v. 34, n. 17, p. 158-167.

_____. "Empreendedores do ano: os visionários que construíram o capitalismo no Brasil e no mundo neste século." *Exame*, 15 Dez. 1999.

COLLINS, O. F.; MOORE, D. G.; UNWALLA, D. *The enterprising man*. MSU Business studies, Bureau of Business and Economic Research, Graduate School of Business Administration, Michigan State University, East Lansing. Michigan, 1984.

COVEY, S. R. *Os sete hábitos das pessoas muito eficazes*. Trad. Celso Nogueira. São Paulo: Best Seller, 1989.

COVEY, S. R.; MERRIL, A. R.; MERRIL, R. R. *First things first: como definir prioridades num mundo sem tempo*. Rio de Janeiro: Campus, 1995. Trad. Julio Bernardo Ludemir.

DEGEN, R. J.; O *empreendedor:* fundamentos da iniciativa empresarial. São Paulo: McGraw-Hill, 1989.

DRUCKER, P. F. *Innovation and entrepreneurship*. New York: Harper and Row, 1985.

FARREL, L. C. *Entrepreneurship:* fundamentos das organizações empreendedoras: técnicas que as tornam competitivas. Trad. e adap. Heraldo da Silva Tino. São Paulo: Atlas, 1993.

FILION, L. J. *Entrepreneurship:* bibIiographie choisie et une revue de Ia documentation essentielle sur le sujet.

Research paper nº 87-03. Groupe de recherche en économie et gestion des petites et moyennes organisations et de leur environnement (GREPME). Université du Québec à Trois-Rivieres (UQTR), 1987.

GERBER, M. E. *O mito do empreendedor revisitado:* como fazer de seu empreendimento um negócio bem-sucedido. Trad. Gunter Altmann; trad. atual Carla Montagner e Elaine Cristina Del Nero. 1ª ed. São Paulo: Saraiva, 1996.

HARRY, P. *The Oxford companion* to *classical literature.* 1ª ed. Oxford: Oxford University Press, 1986.

HORNADAY, J.; BUNKER, C., "The Nature of the Entrepreneur". *Personnel Psychology,* v. 23, n. 1, 1970.

KNIGHT, F. H. *Risk Uncertainty and Profit:* New York/Chicago: Houghton Mifflin/University of Chicago Press, 1971.

LYNN, R. "Personality Characteristics of a Group of Entrepreneurs". *Occupational Psychology,* v. 43, 1969.

MANCUSO, J. *A Diagnostic Test for Entrepreneurs. 1979.*

MCCLELLAND, D. C. *The Achieving Society.* Princeton: Free Press, 1961.

MINTZBERG, H. *The Nature of Managerial Work.* Nova York: Harper and Row, 1973.

PEARCE, D. W. *Macmillan Dictionary of Modern Economics:* General Edition David W. Pearce. 3ª ed. Londres: Macmillan, 1989.

PINCHOT, G. *Entrepreneuring.* Nova York: Harper and Row, 1985.

REICH, W. *Análise do caráter.* São Paulo: Martins Fontes, 1995.

ROGERS, C. *Sobre* o *poder pessoal.* São Paulo: Martins Fontes, 1989.

_____ . *Um jeito de ser.* São Paulo: Editora Pedagógica e Universitária, 1987.

RONSTADT, R. *Every Entrepreneur's Nightmare;* The Decision to Become an Ex-Entrepreneur and Work for Someone Else. Babson University Press, 1985.

ROSENBERG, N.; BIRDZELL JR., L. E. *How the West Grew Rich.* New York: Basic Books, 1986.

ROTTER, J. B. "Locus of Control". In: BRUNNER, G. C.; HENSEL, P. J. *Marketing Scales Handbook.* Chicago: American Marketing Association, 1994.

SCHUMPETER, J. *Theories of Economic Development.* Cambridge: Harvard University Press, 1934.

SHAPERO, A. "The Role of Entrepreneurship, in Economic Development at the

Less than Nation Level." U.S. Department of Commerce. January, 1997.

SMITH, N. R. *The Entrepreneur and his Firm:* The Relationship Between Type of Man and Type of Company. Michigan: Graduate School of Business Administration. Michigan State University, 1967.

STEVENSON, H. H. J. C. "A Paradigm of Entrepreneurship: Entrepreneurial Management." *Strategic Management Journal,* 11 (Summer), 1990.

TIMMONS, J. A. "Black is Beautiful?". In: *Harvard Business Review,* Nov. - Dec., 1971.

TOULOUSE, J. A. *L'Entrepreneurship et Québec.* Montreal: Les Press HEC et Fides, 1978.

VESPER, K. H.; HORNADAY, J. A. *Entrepreneurship Education.* University of Washington Center for Entrepreneurial Studies. Babson University Press, 1985.

Contatos do autor
Site: www.luizfernandogarciaoficial.com.br
Email: nando@luizfernandogarciaoficial.com.br
Tel.: (11) 5505-3050 – (48) 3334-5585

Este livro foi impresso pela Gráfica
Assahi em papel UPM Book
Creamy 60g em janeiro de 2020.